汉武时代

漫谈

**HANWU
SHIDAI
MANTAN**

草说木言◎著

海天出版社
HAITIAN PUBLISHING HOUSE
·深圳·

图书在版编目（CIP）数据

汉武时代漫谈 / 草说木言著. — 深圳 ：海天出版
社，2022.4（2022.11重印）
ISBN 978-7-5507-3425-8

Ⅰ. ①汉… Ⅱ. ①草… Ⅲ. ①中国历史－西汉时代－
通俗读物 Ⅳ. ①K234.109

中国版本图书馆CIP数据核字(2022)第029797号

汉武时代漫谈
HANWU SHIDAI MANTAN

出 品 人　聂雄前
责任编辑　朱丽伟　熊　星
责任校对　万妮霞
责任技编　郑　欢
装帧设计　知行格致

出版发行　海天出版社
地　　址　深圳市彩田南路海天综合大厦 　（518033）
网　　址　www.htph.com.cn
订购电话　0755-83460239（邮购、团购）
设计制作　深圳市知行格致文化传播有限公司
印　　刷　深圳市希望印务有限公司
开　　本　787mm×1092mm　1/16
印　　张　18
字　　数　230千字
版　　次　2022年4月第1版
印　　次　2022年11月第2次
定　　价　58.00元

目 录

CONTENTS

序章
汉武帝出生前的世界

汉武帝刘彻，这个历史人物大家应该是比较熟悉的。《汉武大帝》这部优秀的历史剧，就对他的一生进行了很详细的记述。

他是汉朝的第五任皇帝，活了70个年头，当了50多年的皇帝，无论是寿命还是在位时间，在中国的皇帝里头，那都是排前几名的。

汉武帝在位时间占据了西汉王朝约四分之一的统治时间。

这是中国历史上非常重要的一个时期。华夏文明在这一时期就像一个探险家，不断开拓未知的疆域。也就是在这一时期，汉武帝完成了自秦始皇之后，对边疆地区的再次征服和开拓，尤其是对西域和南方地区的开拓，中国国土的基本框架从此确立。除了中间某些过于疲弱的王朝之外，这个框架一直持续到了今天。咱们经常说的"自古以来"如何如何，这个"古"，许多就是从这里开始的。对待北方劲敌匈奴，汉武帝采取了以牙还牙、以血还血的方式，并最终击垮了匈奴，自此之后，匈奴再也没有成为中原王朝的主要边境威胁。

当然，这一切不是靠嘴巴换来的，而是靠拳头。

在汉武帝刘彻54年的皇帝生涯里，打了40多年的仗，谥号为"武"名副其实。他的"武"，比后代的许多"武帝"，含金量高多了。不过这个"武"字的代价相当高，传统史学家对"武"字的评价多是负面的，传统史书为"武"说好话的很少。

我个人觉得，刘彻在位期间的所作所为，当得起"文武"二字，他在对外扩张和意识形态建构方面是同步进行的。所谓"国之大事，在祀与戎"，刘彻是一条都没落下，两手都抓，两手都很硬。刘彻这么一"文"一"武"折腾下来，为汉朝以及之后的所有中原王朝，确定了农耕帝国的治理模式、核心统治区域和政权组织架构。

有些观点说，即使没有刘彻，也会有王彻、李彻来完成这些历史使命。我认为，如果没有刘彻，汉帝国该打匈奴还是会打匈奴，但是刘彻本人在其中的创造性开拓是不能被抹杀的历史功绩。毕竟他没啥前人的经验可以借鉴参考，他就是为后来者积攒经验的那个人。这一时期，帝国在军事、政治、经济、文化、民族关系、对外交往等各个方面都进行了大量的探索实践活动。就好像摸黑走夜路，虽然终究能走出去，但前人留下的足迹，能让后来者少走弯路。

那么，在刘彻出生前，汉朝是什么样的呢？

经过残酷战争才建立的汉王朝，已经走过了两三代人的时间。战争的伤痕已经被抹去，沟壑被填平，城市被重建。战国七雄已经成为传说，那些古老的概念已经被抛弃。这个国家的人，已经认同了这个大一统的国家，他们不再说自己是齐国人或者楚国人，而是统一自称汉人。这个认知，从那时起一直延续到了今天。

帝国最北方的边界到达今内蒙古一线，直面鼎盛时期的匈奴。当年归属于秦朝的今福建、广东、广西地区还在等待着再次归属。帝国东半部的国土，分布着大量不是一条心的诸侯国。国家的最高统治者已经顺利完成了一次更替，而把持朝政的功臣宿将正逐步退出历史舞台。对于这个年轻的国家和这个国家的年轻人，这是一个可以大有作为的时代。

岁月消磨了时光，将鲜活的一切都变成历史，然后将历史打磨成传说。汉武帝和他的时代归于历史之后，却留给了我们一个共同的名字——汉。

这是我们的祖先第一次以一个集体的面貌出现在世界上。这是他们收拾好了自己的家园，环顾四周开启历史征程的时代。在欧亚大陆辽阔的土地上，从那时起直到现在，我们一直在这里，一直保有这份荣耀。

第一章
皇帝头上的"三座大山"

汉武帝的故事，还得从他爷爷死的那一年说起。

汉文帝后元七年，公元前157年，六月初一，汉文帝驾崩。六月初九，31岁的太子刘启，也就是汉武帝刘彻的父亲即位，史称汉景帝。

刘启做了23年的太子，还能顺利接班，这在中国历史上是不多见的。比起后来当了30多年太子还不得善终的爱新觉罗·胤礽，可以说算是非常幸运了。

1. 汉初统治集团的构成

"文景之治"被历代史学家一说再说，夸了又夸，简直就是美好时代的代名词。父子两代，几十年如一日地奉行宽松的执政原则，缓和了各个政治集团以及社会阶层之间的矛盾。尽管后来者爱得不行，但是对当事人，也就是文景二帝来说，他们未必有多喜欢自己的处境。

汉初的统治集团主要分为三大势力：诸侯王、功臣宿将和外戚。

汉文帝能继位，就是因为功臣宿将和诸侯王联合消灭了吕氏外戚集团，把他扶上去的。这也导致文景两代，皇权始终受到功臣宿将和诸侯王的牵制。虽然有了新的外戚集团可以帮助皇帝，但是外戚的存在本身也在制约皇权。比如汉代的太后，就始终是皇帝既依赖又痛恨的对象。汉初在政治上讲究无为而治，除了经济上的原因之外，更重要的是皇帝、外戚、功臣、诸侯等政治集团势力均衡，互相制约。为了保持稳定，谁也不能，或者说不敢对国家政策做出大的变动。

大家可以脑补一下，文景二帝上朝的时候，底下的文臣武将多是跟着老爹或爷爷打天下的功臣，这些人控制着政府机关和军队。你有啥意见不合他们的心意，他们就公开怼你。回到后宫想平静一下心情，还必须对自己的老娘言听计从，毕竟我大汉以孝治天下嘛。至于那些堂兄弟，一个个要兵有兵、要钱有钱的，说不定就在想着取自己而代之，都是姓刘的，他们也能当皇帝。当时就这么个状态，估计文景二帝不会太喜欢。不知道是不是因为活得有点憋屈，汉文帝 45 岁就死了，汉景帝好一点，多活了两年，47 岁而终。

但是，事情总是在变化的。

随着国家的安定和时间的推移，原来的功臣宿将们都陆续见刘邦去了。汉景帝二年，公元前 155 年，原丞相申屠嘉去世，他是最后一个功臣出身的丞相，五朝元老。他的死，标志着他们这一代人全部退出了历史舞台。

功臣宿将集团有个很鲜明的特点，那就是因事而兴。诸侯或者外戚因为血缘关系，天然地就能获取一些政治地位。而功臣集团则是因为参与了某些事件才取得很高的政治地位。比如：战争、政变、重大政策的推行，等等。在国家整体安定的情况下，没有什么变故或者动乱，功臣的后代如果还想继续维持政治地位，就必须紧密地团结在皇帝周围，因为这是他们获取政治权力的唯一来源。这一特点在汉武帝拓展边疆、巫蛊之祸等事件上都有体现。某种程度上，甚至可以说是他们推动、扩大了事件的规模。

申屠嘉死后的第二年，汉景帝就强行推动了削藩政策，七国之乱爆发。周亚夫，这位功臣宿将的第二代，和窦婴，这位外戚的领袖，共同平息了叛乱。

虽然诸侯势力遭受了沉重打击，但是外戚和功臣的政治影响却因此得以增强，继而在之后的汉景帝废太子事件中引发了一系列变故。这个咱们后面再说。

2. 汉初国家面临的三个问题

现在咱们回到开头，说说一个人和三件事。

一个人是贾谊。我上学的时候学过他的《过秦论》，这篇文章还要全文背诵呢。贾谊，这位在汉朝建立第六年出生的青年思想家，还写过一篇很重要的政论文章《治安策》。他在这篇文章里指出了国家面临的六个重大隐患，并给出了相应的对策。

这六大隐患总结起来就是三大问题：匈奴与和亲问题，诸侯王问题，包括意识形态、政治体制和中央财政在内的政权建设问题。

汉文帝看到了这篇文章，他对贾谊的观点表示赞同，但是在各方势力的逼迫下，他也只能对贾谊的对策弃之不用，甚至将贾谊贬斥到南方。一千多年后的李商隐为此还吐槽说：可怜夜半虚前席，不问苍生问鬼神。这多少有点冤枉汉文帝了，在那种情况下，天下的苍生有人在替他管着，他也就只能问问鬼神了。

贾谊最终英年早逝，但是他的思想并没有被湮没。因为他所指出的问题，不仅仍然存在，而且还在继续发展。汉初的很多政治事件都来源于这三个问题。这三个问题，始终是压在文帝、景帝和武帝三代帝王头上的"三座大山"。

汉武帝刘彻继位之后，对内对外进行了很多令人眼花缭乱的操作，但是他的主要目标始终没变，就是要解决这三个问题。这三个问题互相纠缠，一定程度上又互为因果。在刘彻执政的不同时期，这三个问题的优先级也各有不同。刘彻做的很多让人摸不着头脑的事情，原始动机就是在这里。这三个问题涉及了内政外交的主要方面，刘彻的处理方式也成为后面诸多王朝的标准操作。如果贾谊知道他的理论最终还是付诸实施了，应该也会感到欣慰吧。

好，铺垫了这么多，让我们翻开崭新的一页，就从汉武帝出生那年开始。

3. 汉代税收体系概况

汉景帝元年，公元前 156 年，刘彻出生在长安未央宫猗兰殿。他是汉景帝的第十个儿子。

这一年的正月，汉景帝下诏，允许民众自由迁徙。《商君书·垦令》中说："使民无得擅徙。"故秦国自孝公起，包括后来的秦王朝，都不允许民众擅自迁徙。这是为了把民众固定在土地上进行农业生产。汉承秦制，汉朝也继承了这条法令。

秦末汉初，连年战乱，加上饥荒，人口数量急剧下降，人少地多。汉初继承商鞅的这一措施，还真没什么特别的。随着近半个世纪的和平发展，人口大量繁衍，地域间的发展不平衡也逐渐显现了出来：耕地少且贫瘠的地区，变得人多地少，大多数人吃不饱肚子；耕地多、水利便利的地区，则大体上还维持着人少地多的局面。也就是说，困扰历朝历代的土地问题又开始出现了。景帝允许民众自由迁徙，既想保护土地贫瘠地区人民的生存权，又想维护水利便利地区的社会稳定。所以才在诏书中说："其议民欲徙宽大地者，听之。"

五月，景帝恢复了农业税，也就是田租，税率由最初的十五分之一调整为三十分之一。汉初的田租税率，一直被后代称为善政的典范。这既是统治者的仁厚，也是无奈之举。经过秦末的战乱，人口大量死亡。要想有税收，首先农民要能养活自己。人都饿死了，有再多的田地也没用。

汉初的税收，大体上可以分为三大类：农业税、人头税、商业税。农业税用来支付各级官吏的俸禄，人头税用来支付国防开支，商业税用来支付各级贵族包括皇帝的开支。

汉初郡国并行，皇帝直接管辖的地盘不算大，直属的各级官吏人数也并不太多。农业税多点儿少点儿，对朝廷的影响不是特别大。汉文帝又是难得的宅心仁厚，在公元前 167 年，取消了农业税。

汉初的人头税，对广大女同胞有特别的规定：14 周岁以上、29 周岁以下未出嫁的女性，每人要交五个人的人头税。这也从一个侧面反映出当时人口匮乏的窘境，朝廷只好用法律手段，引导女性早婚早育。不过，当时没有直接用行政手段来硬的，而是用税收来操作这个事情。比后代某些个动辄强行婚配、累及家人的朝代，在手段上要高明多了。

不过，有失必有得，汉朝风气开放、自信，女性的地位很高，舆论也比较宽松、友好。二婚的女性可以生出皇帝，刘彻的母亲进宫前就嫁过人，还生了个女儿。跟别人私通的女性可以生出将军，这条卫青和霍去病的母亲可以对号入座。女奴也可以成为皇后，没错，就是大名鼎鼎的卫子夫。

一年很快过去，时间来到公元前 155 年。这一年，汉武帝一岁了。

第二章

七国之乱与太子之死的隐秘联系

汉景帝时期，对国家来说最重大的变故就是七国之乱。我认为，七国之乱和刘彻最后当上皇帝，是有很大联系的。只不过这种联系比较曲折而已。

汉景帝三年，公元前 154 年，十月，梁王刘武来朝，景帝在家宴上对他说：兄弟啊，我死后，你接班哈。

说这个话的背景是景帝刚继位，就准备上马大项目——削藩。

1. 汉初中央与诸侯的关系

西汉初年的诸侯王活得很自由和滋润，因为他们的封国高度自由。自由到什么程度呢？首先，在他们的封国内，可以自行组织军队，收容从中央直辖郡县逃过来的人口，包括亡命徒。其次，可以独立收税，甚至可以铸钱。造反意愿最强烈的吴王刘濞，就可以自行铸钱。而且他管辖的那片地还能生产食盐，食盐在古代可是战略物资，也是硬通货。独立到这种份上，汉朝中央和诸侯国要是没矛盾，那是扯。

其实，汉朝中央和诸侯国的关系一直比较紧张，即使到了异姓王已经被消灭殆尽的吕后时期仍然如此。张家山出土的汉简《二年律令》，保存了从刘邦到吕后时期的汉朝法律汇编。其中《二年律令·贼律》："以城邑亭障反，降诸侯，及守乘城亭障，诸侯人来攻盗，不坚守而弃去之若降之，及谋反者，皆要（腰）斩。"就把诸侯们明确地列为敌人，相关法律也把诸侯国按照敌国来对待。

所谓削藩，就是朝廷找借口，通过法律手段缩小诸侯王的领地；再把他们的领地一点点地变成归中央直辖的郡县，让他们失去造反的能力。

汉朝从刘邦开始就削藩，耗费了巨大心力终于把异姓王削没了，把异姓王的领地换成了刘姓王接管。但对于后面继位的皇帝来说，情况其实一点没变，甚至更坏了。因为全是同姓诸侯了，动手就有同室操戈的意味了。再说，汉文帝继位的实质，就是中央的话事人太尉周勃和丞相陈平，连同关东的刘姓诸侯王发动军事政变，把当时还在做诸侯王的刘恒推上去做了皇帝。汉景帝虽然也是这一事件的受益者，但是，谁知道那些诸侯王会不会再来一次，把自己也弄下去？这外人不靠谱，刘姓王就靠谱吗？巨大利益下，一切皆有可能。

汉文帝在位时受到各方牵制，不能有大动作。而景帝一上任，就着手削藩，同姓王们为这事儿急得上蹿下跳。中央内部也有很多人对这事持反对意见。大家觉得，既然这么多年都混下来了，那就接着混吧。景帝看反弹这么大，就想拉拢刘武这个同父同母的弟弟。

景帝的母亲是窦太后，窦太后一共有三个孩子，分别是老大馆陶公主刘嫖，老二景帝刘启，老三梁王刘武。这大姐和三弟都是景帝一朝能决定政局走向的关键人物。这里多句嘴，这大姐的名字，用现在的眼光来看，实在是有点一言难尽了。

当时刘武被封在梁国，也就是现在的河南商丘地区。梁国的地理位置极其重要，控制着东方诸侯进入关西的桥头堡，同时直接掩护着中原最重要的城市洛阳，军事地位十分重要。为了让弟弟替自己分摊压力，同时也为了防止弟弟被诸侯王拉拢过去，景帝干脆把皇位都许诺出去了：兄弟，皇位是咱俩的，你可要顶住啊。

2. 平定七国之乱

果然，汉景帝三年，公元前 154 年，一月，七国之乱爆发。汉承秦制，汉初沿用秦历，秦历以十月为岁首。直至公元前 104 年，经司马迁等人提议，汉武帝才下令改定历法，以一月为岁首。

七国及其王分别是：位于今河北省的赵国，赵王刘遂；位于今山东济南的济南国，济南王刘辟光；位于今山东潍坊的胶西国，胶西王刘卬；位于今山东半岛地区的胶东国，胶东王刘雄渠；位于今山东淄博的淄川国，淄川王刘贤；位于今江苏中北部的楚国，楚王刘戊；位于今浙江北部、江苏南部的吴国，吴王刘濞。

吴王刘濞本身就跟汉景帝有私仇。早年，吴国太子刘贤与刘启下棋起了争执，被刘启用棋盘砸死。赵王、楚王、胶西王等三个王因为违法被朝廷抓住了把柄，削减了封地。山东的这四个王是亲兄弟，都是齐悼惠王刘肥的儿子。论辈分，算是景帝的堂兄弟。刘肥是刘邦的大儿子，当年带头反对吕氏外戚的朱虚侯刘章，就是刘肥的次子，在诛杀诸吕中出了大力，皇位却落到了刘恒手里。因此，刘肥这一支的儿孙，一直心怀不满。眼看着新一波的削藩行动这么严厉，故吴、楚振臂一呼，他们也就纷纷响应。

朝廷这边，面对吴楚联军的猛攻，得了景帝许诺的梁王是死死顶住了。

到了二月，太尉周亚夫和梁王刘武，联手击败叛乱的主力吴、楚。楚王刘戊兵败自杀，一个月后，吴王刘濞被杀。其他几个王也是投降的投降，自杀的自杀。

七国之乱始于吴、楚起兵，止于赵王刘遂自杀，前后闹腾了大半年。七国之乱，听起来挺吓人，其实，真正有实力搞乱天下的，是吴、楚两国，其他五国是雷声大雨点小。吴、楚垮了，其他五国也就掀不起多大浪了。

景帝干净利落地摆平七国之乱，具有深远的历史意义。首先，一次性消灭了诸侯王中最有力量的几个，同时打通了往东的交通线，隔绝了诸侯王南北向的联系，从长安直到大海畅通无阻了。其次，速战速决，没有给北方的匈奴可乘之机。

秦末，趁着中原大乱的八年，冒顿单于统一了整个北方草原，重新占据了包括河套地区在内的水草丰美的地盘，然后又趁机向南扩张。最嚣张的时候，匈奴人占据了朝那（今宁夏固原市）、肤施（今陕西榆林市）。这两个地方距离首都长安（今陕西西安市）的直线距离也就三五百公里。虽不能朝发夕至，但强行军的话，两三天也就到了。

公元前771年，犬戎攻入镐京（今陕西西安市），直接把西周打崩了，开启了春秋战国时代。如果汉军没有迅速平乱，让局势进一步恶化，说不定匈奴人就会冲进来趁火打劫。那样的话，对刚刚完成一体化的农耕地区是很大的威胁。

平定了七国之乱，长子刘荣被景帝立为皇太子。同一天，刚满三周岁的刘彻被封为胶东王。这个胶东国的地盘，就是参与了七国之乱的那个胶东国的地盘。

刚刚平定七国之乱才一年，景帝就着急忙慌地立太子，这是景帝要通过册立太子，断绝梁王刘武对皇位的威胁。刚过了河就赶紧拆桥，这也算是景帝的一个性格特点了。事后拆桥那不算什么，还在河中间的时候，也照样敢拆。七国之乱时，诸侯王打出了"清君侧、诛晁错"的借口，汉景帝一看：哟，你们要杀晁错，行，那我先把他杀了，你们总没理由了吧。之后，晁错在去"上班"的路上，就被拉到大街上给腰斩了。一个正经罪名也没有，未经审判就这么给杀了。估计太史公对他这种做派也是心怀不满，所以在《孝景本纪》里，一共不到两千字，却几乎每段都会记录一场灾难，比如什么地震、龙卷风、冰雹、水灾、旱灾、蝗灾、日食，等等。

刘荣当上了皇太子，但是只干了三年就出事了。

3. 当太子怎么就这么难

汉景帝七年，公元前 150 年，十一月，皇太子刘荣被废为临江王。之后，景帝快速打出了一套让人眼花缭乱的组合拳。

二月十六，将功勋卓著的太尉周亚夫升任丞相。同时，取消太尉这一职位，在事实上剥夺了周亚夫的军权。

两个月后，刘彻的母亲王氏被立为皇后。紧接着，刘彻被立为皇太子。这一年，刘彻六岁。

又过了两年，公元前 148 年，三月，刘荣死了。他因为涉嫌侵占太宗庙（汉文帝刘恒庙号太宗）的土地，被关进了中尉府，然后就死在了里面。《汉书》说刘荣是死于自杀，《史记》没有说明刘荣的死因。

我认为，刘荣的被废，跟他自己做了什么没什么关系，跟他的品行如何关系也不大。

景帝立刘荣为太子，从根本上来说，是一种堵塞悠悠众口的应急措施。当事后景帝开始认真考虑太子人选的时候，刘荣的短板就暴露无遗。首先就是他老妈栗姬眼光浅、格局小，缺乏政治素养，是刘荣被废的直接导火索。栗姬树敌太多，作为宠妃，与景帝的众多嫔妃关系不好，尚有说头，与景帝的亲姐姐交恶实属不该。刘荣被立为太子后，长公主主动示好，有意结为儿女亲家。栗姬因为之前长公主总给景帝引荐美人，心里不痛快，就没有答应，这就结下梁子了。要知道，景帝有十几个儿子，同胞姐姐却只有一个，且手握大权的窦太后还健在呢，所以，长公主的能量是很大的。再说，长公主要嫁女给刘荣，难道是为了刘荣这个人吗？嫁的是太子之名呀，在长公主心中，那是谁当太子就嫁女给谁呀。果然，长公主立即做出反应，开始在景帝面前诋毁栗姬……最令人不解的是，栗姬竟然对她的庇护者景帝也有抱怨。刘荣的支持者，他的老师窦婴以及丞相周亚夫，国家文武班底的最强人物操碎了心，也表示带不动，带不动。

还有一点值得注意的是栗姬的出身。她是齐国人。

七国之乱里，有四个国是原齐国地区的。这一点恐怕景帝也不会不考虑。

整个汉代，外戚的势力一直很强大。景帝估计不想看到自己未来的皇帝儿子，背后站着一个过于强势的母家。尤其是当景帝透露出废刘荣的意思之后，周亚夫和窦婴都旗帜鲜明地表达了自己的反对意见，并且还表达了不止一次，反对无效后，窦婴竟然还找借口辞职了。

这两个人，一个是平定七国之乱的大功臣兼功臣二代，一个是窦太后的侄子兼外戚的领头人，背后都有一股强大的势力。要是这两股势力合流，会干出啥事儿呢？

当年，周亚夫的爹周勃，联合陈平发动政变，拥立庶出的代王刘恒当皇帝。那么，景帝百年之后，周亚夫和窦婴要是联手废掉新皇帝，迎立前太子，谁能挡得住他们？至于借口，就像是牙膏一样，挤一挤总是有的。就算这两人以后忠心耿耿，但是受功臣牵制的皇帝，日子也是很难过的。汉文帝当年在周勃等人的掣肘下，日子过得那叫一个憋屈。汉文帝想重用自己看上的贾谊，"周勃们"说贾谊不行，文帝也只好作罢。

景帝时期，这联系功臣和外戚两大势力的重要纽带，就是刘荣。刘荣的具体死因不明，但他一死，功臣和外戚这两股势力合流的可能性就大幅度下降。只要这两股势力不合流，新皇帝的位子就稳当多啦，日子也会好过点。景帝既不想让自己的儿子活在大臣的牵制下，也不想让自己儿子的皇位受到母亲一族的威胁。所以，刘彻母亲王氏家族的弱势情况，反而成了刘彻竞争皇储的优势。

关于刘荣的死，电视剧《汉武大帝》的解释是：刘荣是被刘彻的老妈背后搞死的。说实话，如果真是这样，那也无可厚非。真要让栗姬和刘荣成功了，以栗姬那种性格，刘彻他们娘俩，下场估计也不会太好。从后来的历史进程看，汉景帝的选择至少不能算坏。

第三章

周亚夫之死

在刘彻被立为太子九年之后，汉景帝去世。在这九年间，汉景帝为了刘彻能顺利继位，做了很多铺垫工作。为了避免少年皇帝即位后外戚专权、大臣重立新君的局面再次出现，景帝对相关势力逐一进行预防性的处理。

1. 慈父的霹雳手段

纵观我国古代史，像景帝这样为儿子铺路到这般程度的，几乎找不出第二个，故景帝之于刘彻，是妥妥的慈父，但是对于有关诸侯王、功臣和外戚来说，则不啻于大魔王。

在刘彻 12 岁的时候，梁王刘武病死。刘武这个人，有实力，有野心。皇位没指望了，就更加地肆意妄为，甚至敢于刺杀和他不对付的朝廷大臣。好在在朝廷有亲娘护着，在梁国内部有韩安国拼命踩"刹车"，这才没让局面进一步恶化。

刘武自然死亡，着实让人心头一松。景帝赶紧把梁国一分为五，消解了这个七国之乱后势力最大的诸侯国，算是把这颗地雷给和平拆除了。

但是，拆除另外两颗地雷——功臣和外戚，就没这么简单了。

其中最要紧的是平定七国之乱的首席功臣——周亚夫。最后也是以周亚夫的死来解决掉这个威胁的。但是周亚夫的死，就不像梁王那么自然了。

汉景帝十四年，公元前143年，也就是在梁王刘武去世的第二年，七月份，周亚夫的儿子购买军事装备当随葬品，因为拖欠工资被人告发谋反，周亚夫也被牵连进去。周亚夫说，这些都是陪葬品，怎么会是谋反呢？结果廷尉说：君侯纵不欲反地上，即欲反地下耳！大家可以记一下，这是一句堪比莫须有的千古名言。意思是你买这些东西，就算活着不谋反，死了也会谋反。周亚夫一看这样，干脆绝食自杀了。

关于周亚夫的死，还有一个很有名的故事。

2. 又一次"鸿门宴"

说的是有一天，景帝请吃饭，却只在周亚夫的桌子上放了一块整肉，既没有切碎，也没给筷子。周亚夫就自己去要餐具，景帝说：难道这些还不能满足你吗？然后周亚夫竟起身告辞，气哼哼地走了。景帝看着周亚夫的背影说：这个闷闷不乐的家伙，恐怕不是能侍奉少主的臣子啊。

汉代的饮食文化是依照《礼记》来的，比如左肴右胾。这两种食物要分别放在桌子的左右两边。这个胾就是切成的大块肉。在汉代，以右为尊。景帝只让人给周亚夫右边摆上了一块胾，却没有在左边摆上肴，同时也没有给筷子。显然，不借助餐具，周亚夫是没法用手抓着一整块肉啃着吃的。

3. 景帝的逻辑

景帝可能是这么个意思。

皇帝之下，权力最大的就是丞相了，太尉是次于丞相的。在方位上，如果丞相是右的话，那太尉就是左。景帝可能是想说，我不让你做太尉，不让你有兵权，但是给了你一个尊贵的丞相地位。这个丞相是象征性的，你要想真正吃上肉，要通过皇帝才行，而不能直接向宫人要筷子，越过皇帝指使宫人，这是失了分寸。也就是那句著名的台词：朕给你的，才是你的。朕不给你，你不能抢。

汉景帝想给继位人配备一个强力人物来保驾护航。这个人选本来是周亚夫。其实，周亚夫原本就是文帝留给景帝的强力人物，熟悉细柳营典故的朋友对此应该不会陌生，而且他也确实在后来的平定七国之乱中发挥了作用。但是由于他在景帝废太子事件中的表现，景帝对他不是很放心，故需要进行一番考察和敲打。

考察的结果是，景帝认为周亚夫在即将继位的少年皇帝面前，很可能会跋扈不臣，因为他被自己说了一句之后，都敢气哼哼地退席，这是目无领导。对他这个老领导都敢这样放肆，更何况是对待少年天子呢？再加上他们老周家有废立皇帝的历史，为了以防万一，还是事前解决掉为好。

所以景帝才会在周亚夫离席而去之后，很直白地说：此鞅鞅，非少主臣也。这句话明显是动了杀机，也颇有些埋怨和惋惜的意味。

不管怎么说，周亚夫还是这么窝窝囊囊地死了。他的死也标志着汉初功臣宿将集团的彻底落幕。

有朋友可能会说，为什么光说周亚夫不好，却不说景帝刻薄寡恩？

在政治运作上，政治人物必须先要完成政治角色交给他们的任务。

作为活生生的人，当然也可以自主采取超出角色范围的行动，但是后果也要承担。周亚夫没有明确表达出合作的立场，不仅对周亚夫来说已经没了退路，对景帝来说，其实也已经没有了退路。谁也不想让一个政治立场暧昧、不肯合作的人掌握大权呀。

这前两颗地雷都被景帝拆除了，还差最后一颗，也就是外戚。这方面就不能再喊打喊杀了。

汉景帝十六年，公元前 141 年，正月十七。皇太子刘彻提前举行成人礼，也就是行冠礼。为什么景帝要这么急吼吼地为刘彻行冠礼呢？因为依照惯例，皇帝未成年，太后或者太皇太后会掌权。吕后就是这么干的。而行冠礼之后，就表示这个人已经成年，可以参加一切社会活动，包括亲政。

景帝身体不好，他知道自己如果早死，这后宫掌权恐怕是不可避免的。他提前为刘彻行冠礼，是在尽可能地为儿子的掌权之路扫清法理上的障碍。

汉景帝这一番良苦用心总算没有白费，吕后时代的乱局确实没有重现。十天之后，正月二十七，做完了这一切之后，汉景帝驾崩，享年47 岁。这次没有再等过了头七，而是在当天，皇太子刘彻就宣布即位，史称汉武帝。

汉武帝的时代要开始了。这一年，刘彻 15 岁。

第四章

汉武帝的"三把火"

刘彻即位后头两年的所作所为非常重要,后续的很多事情都与这两年有关联。

建元元年,公元前140年,六月,刘彻任命了首届领导班子成员,这可说是他即位后的"第一把火",具体任命情况如下:窦婴为丞相,同时恢复了太尉这个职位,任命舅舅田蚡为太尉。这两人又推荐了赵绾做御史大夫、王臧做郎中令(相当于皇宫的警卫司令)。

这一届领导班子的组成,看似妥协的产物:奶奶窦氏和妈妈王氏的娘家人都受到了重用。其实不然,因为这四位大佬有一个共同特点,他们都推崇儒家学说。

1. 新政的社会基础

十月,刘彻下诏,让地方长官向中央举荐品行端正、有才学敢说话的人。刘彻非常清楚,要执行自己的政策,现有的官僚们是不行的。他们是既得利益者,并没有改变现状的动力。所谓不换思想就换人,换思想是不可能了,直接换人更快一点。

从权谋的角度来说,直接从底层社会中选拔人才,这批没有背景的人,只能紧紧地靠拢在皇帝的周围,在忠诚度上和执行力上就会比现有的人高很多。而且,在旧势力退场的时候,这些散落在地方上的人才,如果不能填补进来，那他们也肯定不会闲着，是要搞事情的。比如，周丘。在历史上，他其实是个不太起眼的人，但就是这么个不起眼的人，都在七国之乱的时候，帮吴王忽悠了十万人去造反，破坏力巨大。

人才是把双刃剑，吸收进了组织，能创造多大的价值还不好说。但流落在外，则一不留意，往往就会给朝廷带来无法挽回的损失。我们熟知的黄巢和李自成就是这样，黄巢在科举中数度折戟，始终不第；李自成从官家驿站被下岗，失了业。最后，二人分别成了唐朝和明朝覆灭绕不过去的名字。

刘彻此举就是给这类人出路，并提供了一个更大的施展舞台。你们跟着我，我带你们搞事情！效果嘛，那是相当显著，武帝时的很多著名人物都是通过这个渠道崭露头角的。比如董仲舒，这位老哥，就是在第一次招贤令发布后被推荐上来的。

2. 儒学和黄老之争

原来看上去挺稳定的领导班子，才一年就出了问题。建元二年，公元前139年，十月，御史大夫赵绾、郎中令王臧，在狱中自杀。丞相窦婴、太尉田蚡被免职。等于是，首届领导班子被团灭了。当然，这些决定不是刘彻自己做出的。闹得这么严重，主要还是这四位仁兄有点太着急了。

前文说了，对这四个人的任命只是看上去像妥协的产物，但他们政治上的儒学倾向和汉武帝的理念并不冲突。儒学在政治上有一个很鲜明的诉求：尊君。所以，他们一上台就给汉武帝刘彻搞了个尊君的场所——明堂。这也就罢了，御史大夫赵绾更是头脑发热，直接建议汉武帝以后不要再向太皇太后请示汇报了，有啥事你说一声，哥几个给你办。

太皇太后窦氏，老太太虽然眼睛已经失明了，但心却不瞎。她立刻就意识到了危险，并且迅速出手，把这届领导班子给废了。窦氏喜欢黄老之术，排斥儒学。这个黄老之术也挺复杂的，咱们只要知道一点，这套思想体系在政治上的诉求是虚君和无为。

汉初百废待兴，经济上就不允许大有作为。而势力强大的外戚、诸侯王和功臣集团，在政治上也需要一个充分放权的皇帝，也就是所谓的"虚君"。君权越虚弱越好，如果君权实在了，那他们的政治特权也就削弱了。

虽然到汉武帝时期，各种旧势力已经衰弱，但是这种思想的影响还在。比如淮南王刘安，他就专门写书为黄老之术摇旗呐喊。这次变故算是儒学和新兴势力对旧体系的一次试探。结果，就是这么个结果。

不过不用着急，时间总是在年轻人这一边的。这一年的春天，汉武帝从姐姐平阳公主家带回一个歌女卫子夫。汉武帝一朝的重要人物也开始陆续登场。

3. 武帝初掌权

建元三年，公元前 138 年，七月。福建一带的闽越国攻打浙江南部的东海国。结果汉朝的援兵还没到，闽越国就撤走了。事后，汉朝应东海国的请求把他们搬迁到了庐江郡（今安徽安庆一带），归顺了汉朝。

这次救援行动，朝廷的意见并不统一，是刘彻力排众议，毅然出兵的。虽然最后没打起来，却让他第一次熟悉了军事，从此一发不可收。

也就是在这一年，刘彻设立了自己的近卫军——期门军；这支部队由陇西郡和北地郡身世清白又善骑射的良家子组成。这是一个事实上的军官教导队，卫青和公孙敖都是这支部队出身。为了训练期门军，刘彻又在同一时期扩建了上林苑。上林苑面积大约340平方公里，约是朱日和训练基地面积的三分之一。

匈奴不是号称"控弦之士三十万"吗？那我就从头建立骑兵部队，重新培养军官，用匈奴的方法去对付匈奴。整个汉武帝一朝，施政核心就是打匈奴。其他一切都在为这个核心目标服务。实际上，经过几十年的内部整合，匈奴也是汉朝仅剩的最大威胁了。

刘彻的行动非常简单明确，分两步走。首先是内政方面，统一思想，整顿军队。其次在外交方面，联合大月氏侧击匈奴。内政、外交方面的新做法可视为汉武帝即位后的第二和第三把火。

就在朝堂上下开始闹腾的时候，张骞率领一百多人，已经踏上了茫茫未知的西行之路，去寻找大月氏。这是农耕民族有史以来极具勇气的一次远行。这次伟大历程的遗产，我们一直吃到了今天。

这一年，刘彻18岁。这是一个可以燃烧自己的年纪。汉帝国，这一湾平静的湖水，就要开始沸腾了。

第五章

十三年与两万里

关于张骞第一次出使西域，《汉书》里一共只有 400 多个字。因为史料实在有限，在描述具体细节的时候，只能靠充分、合理的想象了。

张骞是今陕西汉中城固县人，据说现在当地的一支张姓居民就是张骞的后裔。他在出使西域前是皇帝的郎官，也就是警卫员。这里的郎官，最早是指在皇宫走廊里站岗的人，后来发展成一种重要的官员培训制度：让年轻人跟在朝廷学习，然后根据个人的情况，分派具体的官职。汉代很多名人都有过郎官这个头衔，如苏武、霍光、张安世。

1. 凿空西域的起源和使团构成

建元三年，公元前 138 年，从匈奴投降过来的人，跟汉朝说了个事。说在西北有个大月氏国，他们的国王被匈奴单于杀了，头骨还被单于做成了酒壶。大月氏人打不过匈奴人，只好往西跑，他们想报仇，但是又没有帮手。

刘彻根据这个事情，构思出了联合大月氏左右夹击匈奴的战略设想。汉武帝刘彻这一年才 18 岁。我们可以在脑海中构想出一个 18 岁的年轻人，那种听说了有个好玩的事，然后就急不可耐地想办法去做的场景。对于这件事，刘彻表现出了超强的行动力。他一构思出设想，立马就付诸实施，当年就组织了一个连的外交使团往西寻找大月氏。

这里有个平常大家不太关注的地方，就是关于这个使团的人员构成。这次的外交计划其实是非常草率和仓促的，使团严格说起来应该是一个志愿者团队。

张骞那一年28岁，这个使团负责人，就是他自己主动应募的。也就是说，汉朝在组建使团的时候，除了给使团负责人一些汉朝使节的信物之外，并没有给这个团队太多的官方名义。使团成员，包括团长都是公开招聘来的，没有从朝廷指派任何人。和欧洲在大航海时代，国王给个授权书，然后就撒出去的私人探险家很像。

刘彻这么做，可能是基于以下几方面的考虑。

虽然没有文献记载当时朝廷上下的反应，但是支持者可能寥寥无几。在这种反对的压力下，刘彻可能无法派出官方的正式使节，只好用这种近似于非官方的方式进行外交活动。

当时的信息太少，汉朝对整个西部地区没有概念，并不知道这次任务的难度到底有多大。在刘彻的想象里，这次任务可能就是派个说客，长途跋涉，找到大月氏和他们说一声。

当时已经大体知道现在的河西走廊被匈奴占领了，但是，这个知道是非常模糊的。具体的地理信息，以及匈奴对当地的控制程度并不清楚，属于两眼一抹黑就把人给派出去了。

当时还没有和匈奴撕破脸，万一被匈奴人抓到，使团组织成分比较"水"，也方便找借口。

张骞应募的目的是什么，我们已经不知道了。但是毫无疑问，这次任务要穿过匈奴控制区，这个张骞是知道的。18岁的刘彻，也许就是看中了他的勇气才决定把这个任务交给他的吧。

2. 张骞被俘

张骞就这样领着百十号人出发了。他们出发的地点是临洮，也就是今天的甘肃省定西市。这里是秦长城的西部起点，属于陇西郡。张骞在这里遇到了一个称呼为甘父的匈奴人。甘父到底叫什么，争论很多。咱们就不参与讨论了，就叫他甘父吧。

至于张骞和甘父是怎么认识的，他们之间又发生了什么故事，这些完全空白。为什么要带上他，史书上也没说。我想应该主要是为了做向导。这也从一个侧面说明，当时汉匈之间人员交往是非常频繁的，频繁到你甚至可以在路上碰到。甘父对张骞的任务起到了重大作用，甚至可以说，凿空西域这件事，相当程度上是他们两个人一起完成的。

张骞最初的行进路线，应该是沿着河西走廊的中间地带往西走。在明知这是匈奴控制区的情况下，使团会比较注意避开匈奴人的军队，但还是被匈奴人给碰到了。具体是在什么地方被匈奴人碰到的，这个也不知道。我觉得可能是在现在的新疆巴里坤湖到甘肃敦煌之间的地区。因为巴里坤湖就是匈奴右谷蠡王的王庭所在地，正对着河西走廊的西部出口，算是匈奴右贤王部的核心控制区，碰到匈奴人的可能性更大。

具体是怎么被抓的，没有记载。《史记》的说法是"径匈奴，匈奴得之"。这个"得"字很有意思，在《说文解字》中："得，行有所得也。""得"有被动和偶然的意味。这句话看上去是说，在一个偶然的时刻或者场合，匈奴人的巡逻队不经意间碰到了张骞这群人，或者是张骞他们稀里糊涂地撞进了匈奴军队控制的地方，而且过程应该比较和谐，匈奴人用不流血的方式就控制了他们。

匈奴人之前没有俘虏过这么高等级的汉朝人员，右贤王部就赶紧把张骞送到了单于王庭。甘父是和张骞同行的，其他人是不是也一起同行就不知道了。反正从这时候起，其他人就再也没有了记载，也不知道最后的去向。幸好最后张骞回来了，这要是没回来，史书的记载可能就是一句：帝使人往月氏，不果。恐怕连名字都不会有。

当时的匈奴单于是军臣单于。这个人是大名鼎鼎的冒顿单于的孙子。他是在老爹老上单于病死之后顺利接班的，这一点在游牧政权中，可以说是很不容易了。

他接见了张骞，然后说了这么一段话："月氏在吾北，汉何以得往使？吾欲使越，汉肯听我乎？"意思是：月氏国在我的背后，你们怎么能去找他们呢？我要去找南越人，你们汉朝能答应吗？

首先，这句话肯定是后来人用汉语转述的。这里的越，不知道是转述的人为了方便比喻自己加的，还是单于的原话。如果是原话，那说明匈奴的消息还是非常灵通的。反正单于的意思是：来都来了，是吧，就别走了。

张骞他们就这么被正式扣留了下来，这一待就是十年。

在这十年间，匈奴人给张骞找了个女人当老婆，还有了孩子。张骞一直没有放弃自己的使命，还保留着朝廷给的使节。在汉代，使节的样子大致是这样的：一根1.8米的竹竿，顶端缀上用牦牛尾做的旗子。后来的苏武，多年之后他的使节的牦牛尾装饰都已经掉光了，只剩下一根棍子。张骞的情况应该也一样。从这段记述中，能看出匈奴对他们应该还算是客气的，没有把他们一行人当作普通奴隶对待，更像是在软禁他们，张骞在行动上应该有一定的自由。在这一时期，汉匈双方对待对方的被俘高层人员，都还是比较优待的，更注重让对方臣服，很少有刻意的杀戮。

至于许配女人这件事，有人故意炒作这种刺激生理本能的话题，其实在古代这是件非常普通的事。给投降或被俘的敌方人员配置家庭，就是政治上的一个常规操作。许配给张骞的这个女人，是匈奴人、西域人，还是被掳掠过来的汉人？也没有记载。

有人就这段时间里，张骞有没有为匈奴政权服务过，提出过疑问。理由就是对比后来始终没有向匈奴投降的苏武所受到的待遇，张骞的待遇看着还行。故推测张骞就算没有主动为匈奴服务过，也在一定程度上假装过屈服。我不这么认为，还是那个理由，张骞和苏武所处的时代汉匈关系不同，撕没撕破脸很关键。

张骞在那么无奈甚至绝望的环境下也没有放弃使命，最后还能回国，这对后来者具有重大的示范作用。后来的苏武，在更艰苦的环境下也没有放弃，应该也是受到了先辈的一些影响。

3. 张骞的回国路线问题

张骞就这么从青年一直待到了中年。在这期间，汉朝开始由守转攻，主动北上打击匈奴，而且屡次获胜。这些消息，张骞应该也是能收到的。原来约定好要联合大月氏从右侧夹击的，现在反击已经开始了，自己连大月氏都没找到。

张骞在匈奴待了十年，对匈奴的语言风俗、内部情况，应该是非常了解了。匈奴对他们一行人的管束也开始宽松起来，毕竟连孩子都有了嘛。然后在某一天，瞅了个机会，张骞决定再次出发。他把老婆孩子都带上了，一起跑，一口气向西跑了几十天，逃出了匈奴的控制范围，来到了大宛国。

大宛看上去消息比较灵通，他们已经知道东边有个汉朝了，而且知道汉朝很富裕，但是因为匈奴堵在河西走廊上，他们没办法和汉朝联系。现在居然看到汉朝来人了，非常高兴，就问张骞此行的目的。

张骞回答说："我是汉朝的使者，是到西域来找大月氏的，但是来的路上被匈奴人拦住了。我现在跑了出来，希望您能派人送我去大月氏，如果真的能找到大月氏，等我返回汉朝，汉朝一定会送给您很多财宝的。"

大宛人听了，觉得这买卖可以做，就派人把张骞送到了康居。康居到大月氏的路线方便，且两国关系较好。历经千辛万苦，张骞终于到了大月氏，但是大月氏却不想回去和匈奴人打仗了。理由很简单，大月氏历来是被匈奴压着打的，现在终于远离了匈奴，而且当前的发展非常顺利，实在没有动力参与汉朝和匈奴的战争。

无论张骞怎么游说，大月氏人始终不感兴趣。《汉书·张骞传》说大月氏："既臣大夏而君之，地肥饶，少寇，志安乐，又自以远远汉，殊无报胡之心。"意思是，大月氏现在已经征服了大夏国，土地肥沃，又没有敌人，离汉朝又远，也就没了再打回去报复匈奴的心思。

僵持了一年多，张骞还是不能说服大月氏。既然当初的使命已经无法完成，也就只好打道回府了。经过这么多年在匈奴和西域的生活，张骞对回国路线做了调整，改走南线，避开匈奴人。也就是从塔克拉玛干沙漠的南边，沿着青藏高原的北部边缘地带往回走。他还访问了西域南部的那些绿洲国家，比如莎车、于阗、楼兰。然后在楼兰转而向南，沿着南山，也就是现在的阿尔金山和祁连山走，再通过羌人控制的地方，也就是现在的青海、甘肃、四川三省交界处的羌中地区，回到出发时的陇西郡。

前半程很顺利，但没想到在准备过羌中地区的时候，张骞一行又被匈奴人抓到了。两次被抓，基本上都是在同一个地区，好在这次只被扣留了一年多。因为军臣单于死后匈奴发生内乱，他趁乱跑了。前后历时十三年，张骞一行终于完成了空前的凿空西域之旅，也终于回到了暌违许久的汉朝。只是出发时候的一百多人，回来的只有张骞一家和甘父等寥寥几人。

张骞被封为太中大夫，甘父被封为奉使君。

4. 凿空西域的历史价值和史家对张骞的评价

张骞对所经过的几十个国家和城邦进行了实地考察，带回了关于匈奴和西域，乃至中亚、西亚、南亚地区的第一手资料。这是中国古代历史上第一次对如此广袤的未知地域、对世界的其他部分进行有目的的主动探索。

汉朝之后对西域的政策，甚至对南方的开拓，都受到了张骞的影响。关于张骞的见闻，在这里咱们就不赘述了。大家可以去看《史记·大宛列传》和《汉书·西域传》。

除了张骞凿空西域的壮举之外，司马迁和班固对张骞凿空西域的态度，也是一个值得我们关注的问题。

这两位史学家对张骞凿空西域的行动，总体上是持否定态度的。

在《史记》和《汉书》里，作者对自己推崇的人物往往不惜笔墨地描写人物事迹的细节，包括对话、肢体活动，甚至心理活动，以让人物形象更立体、饱满。反之，则会刻意在描述的时候，模糊人物的形象，重要的事迹也往往一笔带过，在这方面，《史记》尤其突出。

司马迁不给张骞写列传，而把张骞的事迹放到《大宛列传》里。难道张骞的历史功绩还不如号称大侠的郭解吗？班固继承了司马迁的态度，甚至更过分，他把张骞和战败投敌的李广利放在一起，而对事迹类似的苏武，则大加赞赏。

这两位作者，也许是想通过对张骞其人其事做这样的处理，来表达自己对拓边政策或者汉武帝本人的态度。这也许就是所谓的春秋笔法吧。

第六章

匈奴简史，游牧帝国的起源

匈奴从战国时期开始就是中原农耕政权最强大的敌人之一，以匈奴为代表的北方游牧政权，从汉代开始就是中原政权外交活动的核心议题。在说匈奴的情况之前，咱们先解释一下游牧和农业相关问题。

1. 人类发展的内在动机

在原始社会时期，人类主要靠收集自然资源来养活自己。不管是捕猎还是采集，都属于伸手向大自然要吃的。当一个地方的自然资源的生长速度，跟不上人类消耗它们的速度，那人类就要开始迁徙，去下一个地方。

这种纯粹靠天吃饭的方法有个问题，那就是单位面积的区域能养活的人口是有限的。人口如果要持续增长，就必须把人分散到更大的区域。这就是个指数增长的问题。

一个地理区域内很快就会被人填满。用不了多久，那些分散出去的部落就会碰上其他部落的人，然后战争就开始了。

同源的部落会组成部落联盟，跟其他的部落或者部落联盟争夺这些区域。炎黄部落和蚩尤部落的涿鹿之战，就可视为西北两个部落联合起来，阻击向北发展的南方部落联盟的战争。

慢慢地，人们发现，通过有计划地种植某些植物，可以在同样的土地面积内获取更多的食物。有计划地饲养某些动物，也可以在一个不大的区域内，稳定地获取动物产品，比如肉、奶、皮革等。这样，农业和畜牧业也就出现了。

这就是定居生活和社会化分工的开始，文字、艺术、冶金、建筑、医学、政治等文明的特征也开始发展。那些人口最多、战斗力最强的部落占据了最好的农业地区，开始逐步融合成更大的部落联盟，然后形成了国家，最终摆脱了原始的生存状态，进入新的时代。

2. 游牧文明的产生原因

那些在竞争中失败的部落，或者被消灭；或者融入胜利者的联盟中；或者不得不从农业核心地区退缩到农业边缘地区；或者就只能停留在农业地区之外。

不管是失败者还是胜利者，在这一时期，大家的生产力水平是大体类似的。在自然经济状态下，人们只能利用自己所处的环境能提供的东西进行生产活动。那些退缩到农业边缘地区或者停留在农业地区之外的部落，就根据所处地域的情况发展出了各自的经济模式。比如古羌族，因为所处的地区，要么是高原，要么是山间盆地，就发展出了农牧混合型的生产方式。而更靠北、更寒冷、降水量更少的地区，连混合型的生产方式也维持不了。这些地区一般有广阔的草原可以低成本地饲养牲畜，所以就因地制宜，以发展畜牧业为主，并通过大量的牲畜来获取生活所需的物资。又因为季节和气候对草原生态的影响大，牲畜啃食过的植被也需要时间恢复，故草原部落总是定期移动，逐水草而居。这种基于生产方式产生的游牧部落特性，又衍生出了他们独有的组织方式、文化特点、军事技能、政治结构，等等。

在发展的过程中，农牧混合部落和农业族群也在互相渗透。

颠覆了西周的戎人部落，就不是纯粹意义上的游牧民族。而白狄部落更是建立了农耕化的国家——中山国。在农业地区的部落或国家完成几轮重组，力量更集中了之后，为了养活更多的人口，占有更多的生产资料，开始逐步向农业边缘地区发展。那些农牧混合的部落要么融入进来，要么就继续向更偏远的地区退缩。

战国时期，随着那些农牧混合部落的消散，原来在农业区和游牧区之间的缓冲地带也消失了，已经国家化的农业族群开始直接接触纯粹的游牧文明。在自然经济条件下，这是两种不能兼容的生产方式，因此，一接触就表现出了强烈的对抗性。

作为游牧文明的代表，匈奴这个名字开始正式出现在史籍中。

3. 匈奴发展概况

匈奴原本只是众多游牧部落中的一个。匈奴这个名字，也只是一个部落名称。他们最早活跃于阴山地区，直面他们的是赵国。差不多在秦国统一六国到西汉再次统一的这段时间，匈奴也在大力扩张，把东到大兴安岭，西到阿尔泰山这一广大地区中生活的所有非农业性质的部落都征服了，并统一纳入匈奴的组织体系，构成了具有国家性质的游牧部落联盟。

匈奴这个名字，也就从一个部落的名称，变成了北方所有游牧人群的统称。虽然匈奴在东西方历史上都占有很重要的地位，但是由于他们没有文字，故尽管他们存在的时间不算短，可关于他们的细节却不多。比如，他们到底是黄种人还是白种人？

就已有的考古发现和分子人类学研究来看，广义的匈奴人，应该是黄种人，但是存在黄白混血现象。在匈奴势力向西扩张的时候，白色人种也在向东方扩张。比如，迁徙到了今天甘肃地区的大月氏。大月氏人的主体是白色人种，兼有黄白混血现象。匈奴的扩张和后来汉朝的西进，从某种程度上说，打断了白色人种的东扩进程。

匈奴人说什么语言呢？这个，没办法知道了。在这方面的争论也很多，持什么观点的人都有。比如，突厥语族、蒙古语族、通古斯语族等。但是有一点是可以肯定的，那就是匈奴内部的语言体系一定是不完全统一的，尤其是在开始的时候，匈奴刚完成扩张，内部的语言体系一定很复杂。根据一般的规律，随着时间推移，占统治地位的部落会逐渐把自己的语言变成一种通用语言。

匈奴的组织架构，是以建立在地域基础上的军事单位为主体的。所有能上马拉弓的男人，都是士兵，号称"控弦之士三十万"就是这么来的。各级官吏的权力等级、军队数量和土地大小，这三者是正相关的。虽然各级官吏都是各自管辖区域内的军事长官和土地所有者，在他们各自管辖的土地上，他们就是最高的主人，但是他们也必须服从最高统治者——单于的命令。

单于的另一个称呼是"撑犁孤涂单于"，匈奴人称"天"为撑犁，称"子"为孤涂。作为部落的最高首领和政府的最高首脑，单于总揽军政及对外一切大权，由左右骨都侯辅政，骨都侯由呼衍氏、兰氏和须卜氏这三家贵族担任。呼衍氏居左位，是首席。兰氏、须卜氏居右位，日常的判案诉讼、税收等事务性工作就是他们来负责。

至于单于本人姓什么，《汉书》说是姓挛鞮，《后汉书》说是姓虚连题。匈奴人以左为尊，单于以下，左贤王地位最高。同时，左贤王也是单于的第一顺位继承人，是单于的候补人选。

按照《后汉书》的记载，匈奴内部的权力划分主要分为十个等级。自上而下分别是：左贤王、右贤王、左谷蠡王、右谷蠡王、左大将、右大将、左大都尉、右大都尉、左大当户、右大当户。

这些既是职位又是爵位，既是行政官职，又是战时统兵作战的军事长官。大者统领万骑，小者统领数千骑。这些统领万骑的军事首长共有二十四个，他们被称为万骑长。万骑长下面有千骑长、百骑长、十骑长、裨小王、相封、都尉、当户、且渠，等等。其中，都尉、当户、且渠是中下级的带兵官，他们各以部众多少来区别权力大小及地位高下。

在管辖地域划分上，大体分为三部分：一是中间的单于庭，由单于直辖，面对的是汉朝的代郡（治今河北蔚县一带）和云中郡（治今内蒙古托克托县一带）；二是东部的左贤王庭，由左贤王管辖，面对汉朝的上谷郡（治今河北怀来县一带），同时监控东北方向的渔猎民族；三是西部的右贤王庭，由右贤王管辖，面对的是汉朝的上郡（治今陕西榆林市一带），同时监控更西面的大月氏和氏、羌部落。

其中左右谷蠡王，又分别是左右贤王的副手。至于浑邪王、休屠王那样的，更像是匈奴在向西扩张的过程中收编的，或者是新形成的地方性势力，和汉初的异姓诸侯王有点类似。

以上这些资料都来自汉朝的史籍，其中相关的名称，既有音译也有意译，未必能完全准确地反映实际历史，只能看作是对匈奴情况的笼统描述。

4. 农牧冲突的实质

在许多人的印象里，游牧民族嘛，骁勇善战、能歌善舞；游牧地区嘛，风吹草低见牛羊；游牧人民嘛，吃着烤肉骑着马。其实，对游牧民族来说，牲畜并不只是用来吃的。牲畜就像是农业民族的庄稼，是要用来生产食品和提供其他生活物资的。比如，高肉类、衣服、饮品、帐篷等。同时，也靠这些畜牧产品来交换他们需要的其他东西。比如，盐、茶叶和铁器等。大型牲畜还是重要的交通运输工具和作战工具。因此，他们对牲畜，尤其是对大型牲畜的宰杀都要在计划内进行，因为这是他们的生产资料而不仅仅是消耗品。这种总是在移动中的生产方式，也根本无法实现财富的长期累积。仅仅是冬天雪太大，就可能导致一个部落的灭亡。

所以，气候恶劣了，游牧民族就要去农业地区劫掠生活物资。人口增长多了，草原上养不活那么多人了，也要去农业地区劫掠生活物资。因此，不是游牧民族天然地喜欢侵略，而是在自然经济状态下，靠战争掠夺生存资源，是他们认为性价比最高的生产生活方式。当农业地区处于弱势王朝或王朝末年的统治下时，游牧民族比较容易得手；而当农业地区处于强盛王朝的统治下时，游牧民族会遭到重大反击。

匈奴人的崇拜对象是龙，他们祭天的地方就叫龙城。这也是司马迁认为匈奴人和华夏同源的一个原因。

第七章
察举制——汉代"公务员"招考指南

对汉朝来说，张骞的历险还要好多年才能有成果，而匈奴人仍然继续着他们的生活。咱们也回到主线上来，继续往下走。我们先来说说所谓的"罢黜百家"。

1. 被扶持的儒家学说

建元五年，公元前 136 年，刘彻 20 岁了。

本年，设置"五经"博士。"五经"指儒家的五部经典：《易经》《尚书》《诗经》《礼记》《春秋》。博士，专管经学传授，一般由博学或具有某种专门知识的人充任，有的时候，也充当皇帝的私人顾问或私人秘书，所起的作用和后来的翰林类似，有建议权没执行权。

博士们普遍来自士人阶层。先秦时期，儒、墨、道、法、农、阴阳、杂家等流派纷呈、百家争鸣，博士们的学术渊源、学术派别和思想倾向不同，故此时对博士的归类比较笼统，可以按大的学术流派称呼，如法家博士、儒家博士、道家博士等。汉武帝设"五经"博士之后，称呼变成了法家博士、道家博士、《易经》博士、《尚书》博士、《诗经》博士、《礼记》博士、《春秋》博士，也就是说，儒家博士多了数位

"小弟"，儒家的博士占比一下就高了。这可以算是刘彻"罢黜百家"的开始。

其实，"罢黜百家"这个词，最早的出处是《汉书·武帝纪赞》："孝武初立，卓然罢黜百家，表章六经。"这是班固说的，汉武帝从来也没有表示过要罢黜什么家。

西汉时期，尤其是汉初，有鉴于秦朝的教训，统治阶层对各种学术思想的态度还是比较宽容的。在实际操作上，刘彻只是通过设立"五经"博士这样的手段，变相地抬高儒家学说的政治地位，并没有拿其他的诸子百家怎么样，更没有故意废除他们。再说，思想是最难控制的东西，并不是皇帝发一份诏书，然后大家的思想面貌就焕然一新了。儒学的垄断性官方学说地位，是慢慢建立起来的，过程也并不是一帆风顺，其间还有过多次反复。而且，作为官方意识形态的儒学，和先秦时期的儒家还是不是一回事，就更得两说了。

如果一种思想学说得不到政治上的支持，就很容易湮没无闻。虽然汉武帝并没有明令赶走其他各家的博士，但是，从此以后，其他各家在政治领域的影响力确实是一天不如一天，直至无声无息地退场了。特别是法家，自秦亡以后，在公开场合，几乎没有了自己的声音。不过实际上，从战国开始，法家就没有一天离开过政治领域，各朝代都会用法家学说，就是不明说。

2. 汉武帝和群臣的矛盾

建元六年，公元前 135 年，刘彻 21 岁。

五月，太皇太后驾崩。

六月，田蚡被任命为丞相。曾经的太尉做了丞相，曾经的丞相窦婴却赋闲在家。一朝外戚一朝臣，算是两汉的政治特色。

八月，闽越王驺郢发兵攻打南越的边境城镇。南越并没有急于自卫还击，而是上书汉朝，让汉武帝定夺，并美其名曰尊重天子的权威。汉武帝派王恢和韩安国分别从豫章郡（今江西一带）、会稽郡（今浙江一带）出兵，前去讨伐闽越。汉军还没抵达冲突地点，闽越就起了内讧，驺郢的弟弟驺馀善杀掉驺郢，向汉军投降。

闽越挺有意思的，不敢光明正大地攻击汉朝，却老是骚扰周围的邻居，真是柿子专挑软的捏。南越就更有意思了，凭他们的实力，在边境打退闽越的进攻，应该没啥问题，这次却选择把球踢给汉朝。我认为，南越就是想借着这次闽越入侵，探一下汉朝的底细，看看汉朝的军事能力和对南方事务的态度。而汉朝也向南方诸国表示：我有搞定你们的能力，而且对搞定你们有兴趣，希望你们老实一点。

事后，除了闽越国被一分为二，汉朝并没有其他更大的动作。因为此时，汉朝得把主要精力放在北方——匈奴又来请求和亲了。对于这一次和亲，刘彻让大臣们讨论是否该接受。大行令王恢，也就是主管边疆民族事务的外交部长主张拒绝，韩安国主张接受。大臣们大都赞同韩安国的主张。于是，汉朝同意和亲。

讨论本身就是一个态度，刘彻本人肯定是不想再和亲了。他要是还想继续和亲，直接按老规矩办就行了，根本不用讨论。咱们普通人，只要想一想就能明白这个逻辑，当时那些人精似的大臣，难道会不知道？

"韩安国们"跟刘彻唱反调，倒也正常。这位少年皇帝是个什么心思，他们肯定明白。这太皇太后刚死，刘彻就想改变对匈政策，这样的大事，他们无论如何要阻拦一下。结果也和他们期望的一样，刘彻最后妥协了。不过，妥协的一个后果就是，刘彻更加坚定了自己拉团队另起炉灶的决心。

刘彻下决心组建听命于自己的执政团队。他首先要解决的就是如何笼络人才的问题。他解决这个问题的方式，就是逐步完善察举制。

3. 察举制的起源

元光元年，公元前 134 年，刘彻 22 岁。

十一月，汉武帝下令每个郡、诸侯国（行政级别相当于一个郡）的长官，每年至少举荐一个既孝顺又清廉的人才到朝廷参加考试，也就是"举孝廉"。

这就是大名鼎鼎的察举制。

汉初郡国并行，故朝廷比起其他大一统朝代来说，是"小朝廷"，小得不能再小的朝廷，连铸币权都下放了。朝廷小，活儿就少，开国功臣和二代就能干完。实在忙不过来的时候，或者说，皇帝不放心的时候，就临时从民间征召几个人来打打下手，也能凑合着把活儿干了。

直到汉武帝时期，随着各种政策的陆续推行，各种大项目的轮番上马，政府规模不得不扩充了，人才队伍的建设才显出了必要性，人才选拔制度的确定才被提上了议事日程。

察举人才，这种事汉文帝时期就开始干了，但当时主要还是临时性质的招聘，遇到事情，就从社会上招聘几个人。直到汉武帝时期才因为迫切的需要，正式成为一种选官制度。

4. 察举制的构成之一——常科

察举制是在汉武帝时期被逐步完善和制度化的。汉代察举的科目，由少到多不断增加。按照周期，分为常科与特科两大类。

常科，也叫岁科，顾名思义，就是每年一次。特科则没有固定周期，视情况而定。常科有孝廉、秀才、察廉、光禄四行；特科又分为常见特科和一般特科。在这些科目里，常科里以"孝廉"最重要，特科里以"贤良方正"最重要。

如果按照四科标准分类，以"德"为主的有孝廉、孝廉方正、至孝、敦厚；以文法，也就是以法律条文为主的有明法科；以才能，也就是以个人特长为主的有尤异、治剧、勇猛知兵法、明阴阳灾异、有道，等等。

这些科目，咱们大致说一下。

孝廉，这是最重要的一科，录取的人数也最多，出了许多名人。比如三国时期的曹操、袁绍等一票大佬。孝廉有"孝子廉吏"的意思。"孝"是指孝敬父母，"廉"是指清廉勤政。举孝廉之后，升官的速度就会比较快。孝廉出身的官吏，被认为是"正途""清流"，很被看重。刚开始孝廉的人数是以郡为单位。到了东汉，改成以人口为单位：人口不满十万的郡，三年举一个孝廉；不满二十万，两年举一个孝廉。边疆地区的郡则适当放宽。当然了，至于这个人到底孝不孝、廉不廉，那得当权者说了算。

秀才，在东汉时期，为了避讳光武帝刘秀的名字，改叫茂才。这个科是汉武帝元封五年，公元前106年设立的。秀才针对的是现任官吏，人数少很多。通过考试之后，一般都是直接担当千石俸禄的官职，至少也是县令。而通过孝廉科考试的，一般是被任命为郎官，先在中央进行一段时间的培训，一般只有六百石的俸禄。也有不少人先举孝廉，再举秀才。

察廉，就是察举廉吏的意思。被举为廉吏的，一般是低级吏员，被举后，按原职往上升；而孝廉，一般是进入中央当郎官。这是二者的主要区别。二者的区别还有：廉吏是由直属长官向上级部门推荐，而孝廉则是由郡国长官向中央推荐，也就是所谓的贡士。在古代，地方长官有个义务，就是要把自己所在地的土特产往中央送。送的东西，叫贡品或者贡物。送给中央的人才，也就叫贡士了。廉吏仅限于俸禄不足六百石的吏员。注意，不是官，是吏。而孝廉则开放给所有吏民。这个科目，在汉武帝之前应该就有了，后来才逐渐成为常设科目。

光禄四行，这个科目是汉元帝设立的，针对的是光禄勋的下属，也就是光禄大夫、太中大夫、谏议大夫、谒者等在宫廷里跑腿当跟班的人。他们的工作性质，难以做出突出成绩，也就长时间得不到提升。设立这个科目，每年从他们里面选拔一两个人，算是朝廷给身边人的福利。类似目的和形式的，还有北宋的特奏名进士。

以上这四个，属于常设科目，如无意外，每年都有。

5. 察举制的构成之二——特科

下面再说一下特科的部分。

贤良方正，这个科目汉文帝时期就有了。一般没有固定的周期，有事情了才会开。比如国家发生了灾荒，朝廷要上马大项目，皇帝想听听基层的意见，都可以作为开设特科的动机。这个科目上来的人，由皇帝亲自考察，通过考察的人，最高可以直接任命为九卿之一。

因此，举荐人的地位也都很高，三公、将军、王侯、郡守，只有这样的高官才有举荐的资格。这个科目需要的是公正无私、敢说实话的人，所以对于被举荐者，反而没有什么限制。

此外，特科还有：贤良文学，针对有经学底蕴，通晓古文经典的人；直言极谏，敢于指出皇帝的不足，能提出治国方略的人；孝弟力田，能孝顺父母，团结兄弟，同时在农业方面有所建树的人；明法，通晓法律的人才；明阴阳灾异，这个比较有时代特色，我们可以笼统地理解为看风水、会算命的人才；勇猛知兵法，这个就不用解释了吧。

其他的还有很多，咱们就不挨个说了。

这些受到举荐的人，特别是那些被举荐到中央的人，会由官府来统计他们的个人信息作为备案，然后用传车，也就是驿站的政府公车送到中央去。这个做法一直延续到清代。

这么多科目，目的就是在尽可能大的范围内选拔人才。其中选的对象是没有官职的人，拔的对象是下级官吏，他们做出了成绩，上级或者中央就提拔他们一下。

为了防范察举制的腐败问题，连坐制度也被引进了察举制。总的原则就是，谁举荐的人犯了法，谁就要受到同样的处罚。最狠的时候，甚至要被连坐而死。不仅如此，被举荐到朝廷接受考察的人，如果不合格，举荐人也要被处罚。

察举制，帝国时代第一个政治人才选拔制度。从设计上说，在当时的条件下，已经算是尽善尽美了。

6. 察举制的补充——征辟制和任子制

与察举制度并行的，还有征辟制和任子制。

征辟制，这个选拔制度，不属于法律规定的政府行政流程，而是法律默许的授权。根据官职等级不同，授权适用范围也不同。简单来说，就是政府跳过察举制的选拔流程，直接把官职授予某些人。这些人一般担当参谋的角色，通常从事文字工作，相当于外聘人员。

中央或者皇帝聘请的，叫"征"，征召的意思；公卿大夫或者郡县官员聘请的，叫"辟"。这个制度在东汉时期非常盛行。特别是郡县官员，他们一般通过这个制度来建立和当地世家大族的联系，笼络地方实力派。

任子制，也就是所谓的荫补制度。汉代规定，两千石以上的官员，可以举荐自己家族的一个子弟，跳过考察，直接到中央担任郎官。这本质上是一种高官的特权和福利。这个制度一直延续到清代。荫补的官职都很低，在政治上一般也被人瞧不起，只是朝廷给的一个上升入口而已。这种制度，在今天看来是很腐朽的。但通过这种途径当官的人里，也不是没有人才。比如苏武，就是靠荫补当了郎官，然后才出使匈奴的。

征辟制和任子制在汉代并不是官员的主要来源，政治地位也不能和察举制出身的人相比。

以上这些，只是西汉选官制度的简单概括，相关问题还有很多细节，此处不再赘述。

总的来说，察举制度只是解决了人才的来源问题，要想顺利地使用他们，就需要对现有的行政体系进行调整，这就产生了内朝制度。

第八章

西汉政权架构和内朝制度

要说这个内朝制度，需要先了解一下西汉政权的组织架构是怎么回事。

1. 汉代的行政层级

咱们现在填写家庭地址，一般是某某省、某某市、某某区县、某某乡镇或者街道，最后是某某小区。如果家是在农村，最后写某某村。两汉时期，一个人要自报家门，就是某某郡、某某县、某某乡、某某里。

有朋友要说了，不是还有什伍吗？是这样的，咱们说的是行政层级，是国家的组织编制表里能查到的一级单位。什伍并不是，就好像社区的楼长，在行政编制表里，是没有这一级的。

说到组织结构，一般都是从上往下捋。咱们颠倒一下顺序，从下往上说。

先说"里"，里的负责人叫里吏。里吏不是朝廷的官吏，而是差役。里吏没有薪俸，算是朝廷指派的义务劳动力。里管辖的人员数量不确定。按照规定，一里应该管辖 100 户人家。但是人口分布不均，也不是所有的地方都是容易规划的平地。所以，实际情况是里下辖的人口，少的才十几户，多的可能有几百户。

里吏要负责辖区的日常巡逻、上级命令的宣传、徭役的组织，对辖区居民的监视，等等。他没有执法权，遇到事一般也不单独行动。

里的上面就是"乡"，大乡的负责人叫有秩，小乡的负责人叫啬夫，这一级就是正式的国家"公务员"了，俸禄有100多石。不管是有秩还是啬夫都配有相应的副手，不像里吏，只有一个人。里的负责人由同一个里的居民担任，乡的负责人就必须是县里派出去的人。不管是有秩还是啬夫，都有基本的执法权，可以判决一些小的民事案件。当然，如果被判决人不服气，也可以到县里去申诉。

一般一个乡管辖10个里，不过根据地域的不同，多少也有区别。

乡，在汉代是最重要的基层行政单位，不管是中央的指示还是郡县的命令，不管是要征兵还是要收税，都必须由这一级的人员来组织实施。他们对政策的实施结果直接决定了这个政策的成败。至于捉拿盗贼、登记户口，那更是本职工作。

一个乡，一般管辖着若干个亭。亭长受县、乡双重领导，既要配合乡的工作，也要服从县尉的命令。亭不仅要负责所辖地区的治安，还要负责一部分邮递的工作，给官府传递公文。

乡的上面就是"县"了，据《汉书·百官公卿表》记载，西汉全国一共有6622个乡，1587个县和县级单位。笼统地计算一下，一个县一般要管辖4个乡。

县的配置就比较齐全了，司法、行政、军事、教育，甚至水利、建筑等部门，一一配置，堪称"麻雀虽小，五脏俱全"。县的长官，大的县叫县令，小的县叫县长。县令的俸禄是600到1000石，县长的只有300到500石。县的长官对本县的百姓和下级吏员有生杀予夺权，因此也被称为"百里侯"。

乡的负责人干坏事，最多祸害一个乡。但是县的长官如果不合格，则可能把这一个县的几万或者十几万人逼得造反。所以，历朝历代的封建君主只要不是太混蛋，都会很重视县级官员的任命。很多历史上有名的人物，也都是从县级岗位上崭露头角的，比如萧何、长孙无忌。县级单位的工作经历，一般也是晋升到高层的重要资历。

县的上面就是"郡"或者"国"。

汉武帝上台后，西汉的诸侯王只能把封地的税收拿来花，对地方上是没有管辖权的。具体的行政工作是由中央派的国相负责，国相的作用和郡守是一样的。郡可以大致看做放大版的县。郡守的俸禄是 2000 石。

这里要解释一下，上面说的俸禄多少石，指的是他们的品级，也就是官职的等级，是他们发工资的依据，而不是他们实际发放的工资。比如郡守，品级 2000 石，实际的工资是"月谷 120 斛"。1 斛等于 1 石，也就是每个月 120 石，一年 1440 石。

按照《中国经济史》的说法，1 石大约等于今天的 59.2 公斤，也就是 118.4 斤。也就是说，郡守每个月的工资是 14208 斤大米的一般等价物。按照现在的大米价格计算，如果均价 3 元一斤，一个郡守每个月的工资，大约是 42624 元。

说完了地方，再往上就是中央了。有一句话叫汉承秦制。西汉的各种制度和机构，基本体系都是从秦朝延续下来的。在中央，由三公，也就是丞相、太尉和御史大夫构成最高领导班子。他们之间互不统属，都是直接对皇帝负责。

丞相对全国的行政工作负责，有权力对全国的郡县官员进行考核、选拔和处分。除了皇帝身边的人、九卿和其他一些中央重点部门的官员之外，全国的官吏都归他管。太尉负责全国的军政工作，管理各地的驻军。理论上，除了皇帝的近卫部队，其他所有的武装力量都归他管。御史大夫名义上是丞相的副手，实际上是独立对皇帝负责的，主管全国的检查和监察工作。

九卿分别负责各自的本职工作，在名义上辅助丞相。但是在人事任免等实际工作中，直接向皇帝负责。

2. 君主和官僚的矛盾

以上就是西汉初期政权的大致架构，这些只是个轮廓。往深了说，那是几十斤纸的论文也说不完的。上面提到的从地方到中央的各级机构和官员，从意识形态上来说，他们服务的对象是朝廷，是国家，而不是皇帝本人。至少在汉代，士人阶层的心理状态普遍是这样。

当时，皇帝是皇帝，国家是国家，分得非常清楚。后来那种"君要臣死，臣不得不死"的心理，那时候还不流行。

皇帝是天子，是上天在人间的代表，是统治集团宣告自己合法性的一种形式。皇帝是老天爷的儿子，你们怕不怕？你们给老天爷的儿子打工，你们敢不听话吗？本质上，大家效忠的是这套制度，是皇帝这种形式，而不是皇位上某个具体的人。

西汉初期，朝廷从某种程度上来说，类似于委托管理的模式。皇帝把国家政权委托给丞相等人进行管理。这实际上是对功臣宿将集团的一种妥协。刘邦活着的时候还好，他死了之后，继位掌权的要么年幼，比如汉惠帝；要么得位有点不正，比如汉文帝。面对东方诸侯国的威胁，自身又比较弱势，就必须把一部分权力分给满朝的开国功臣。否则，这些人凭什么支持你呢？

这就导致西汉的前几任皇帝，成了名义上的统治者，国家政策的制定和执行都是由丞相等三公包办的。萧规曹随就是对这一时期的最好写照。

当时的逻辑，说得绝对点，就是老大你信任我，那就得听我的，我帮你把事给办了；老大你不听我的，那就是不信任我，那我就不干了。

但是事情嘛，总是在变化的，时间总是更有利于年轻人的。随着时间的流逝，开国功臣们一个个都走了，诸侯王的势力也大大削弱。但惯性使然，三公九卿等还依然延续着之前的权力。

有一段记载很有名：

汉武帝的舅舅田蚡当了丞相，能把一个闲人直接任命为俸禄两千石的大官。打个不太恰当的比方，相当于把一个连公务员都不是的人，直接任命为省部级的高官，这下知道他的权力有多大了吧。

于是某一天，汉武帝就对他说："你的官任命完了没有啊？能不能留几个职位给我呀？"

可想而知，到了这时候，皇帝就不能再让着了。

前面说过，汉武帝通过察举制拉拢社会上的闲散人才跟着自己干。但是，他也明白，真正对他的事业构成阻碍的，不是丞相等人和三公制度本身，而是要把丞相等三公制定政策的权力收回来，把他们变成纯粹干活的人。

3. 内朝制度的初创过程

既然你们不满意我打匈奴，不满意我搞改革，跟你们扯半天，既浪费口舌又没有效率，但是国家又需要由你们来管理，那干脆我就不让你们为国家政策操心了，你们老老实实地听话干活就行了。至于国家大政方针的制定，这个工作我另外找人干。

首先，他动员了自己身边的人，比如少府。这个部门负责的事情很杂，主要是照顾皇帝的生活，替皇帝管理一下私人财产，等等。在古代，多数时候在财政上会分得很清楚，皇帝的钱是皇帝的钱，国家的钱是国家的钱。谁也不能乱花对方的钱。

在少府的众多部门里，有个尚书部。尚书的主要工作原本是替皇帝整理文字和朝堂的奏章，也就是一个秘书处。尚书的地位原本也并不高，大家看看与之并列的都是些什么部门：尚冠、尚衣、尚食、尚浴、尚席。不用解释，也能看出来都是管理吃喝拉撒的部门。

刘彻首先把尚书部里的小伙伴发展成参谋班子。但是，光有秘书也不行，还得有专业人才参与讨论才可以。于是就有了另外一个办法，加衔，也叫加官。无论秦汉还是隋唐，宫廷人员和朝廷大臣的活动区域都是有严格限制的，谁也不能随便到对方的地盘上乱跑。

三公和九卿在禁宫之内，有自己的官署和办公区。但是他们没有随便出入皇城的权力。意思是，虽然你们可以在皇帝的"客厅"办公，但是皇帝的"卧室"，你们是不能随便进的。不过，皇帝身边听候使唤的人是可以进的，比如侍中、散骑、常侍、给事中，等等。这些都是没有具体职责的散官。因为办公地点在皇城之内，故被称为内朝或中朝。和刘彻三观比较合得来，同时又有能力的人，刘彻就给他们加衔，这样就能让他们名正言顺地跟在自己身边，讨论国家大事了。三公九卿的办公地点在皇城之外，因此就被称为外朝或者外廷。外朝中比较听话好用的人，刘彻也通过这些方式拉进来一起玩。

就这样，渐渐地，国家政策的策划不再需要丞相的参与。外朝的这些机构，变成了纯粹的执行机关。

那有人可能又要说了，我是丞相，我就要参与讨论。行不行呢？

答案是，不行。

皇帝的诏令发出来，你敢不执行吗？现在功臣集团没了，诸侯王怂了，就差外面的匈奴人不老实，正准备去收拾呢。谁不落实政策，谁就滚蛋，哪怕你是丞相。

就这样，随着时间的推移，特别是具有外戚身份的丞相田蚡的倒台，后续丞相走马灯似的上任、卸任，出身一个比一个接地气，外朝终于成为一个执行机构。

刘彻通过将决策机构和执行机构分离，保证了他后续一系列政策的顺利实施。不过这权力全部集中在皇城之内，也导致后来外戚的势力始终影响着政局走向，最后弄出了王莽篡汉这么个事。而且，内朝把权力都集中了之后，自己就一步步成了外朝。当然这些都是后话了。

依靠察举制笼络了人才，通过组建内朝，集中了权力，强化了指挥。窦太后又不在了，这下子，终于可以出门搞点大事了。就在刘彻23 岁的时候，他决定给匈奴人也复制一场白登之围。

第九章

诡异的马邑之战——汉匈百年战争的序幕

说起汉朝和匈奴的第一战，很多人会在第一时间想到白登之围。这个答案，其实既对也不对。汉朝和匈奴第一次大规模交战，确实是白登之围。但是汉朝第一次以围歼匈奴主力为目标，而主动发起的进攻战役，应该是马邑之战。

马邑之战，不仅过程具有戏剧性，而且结局也很诡异。同往常一样，这次战役的发起，也来源于一场嘴炮互怼。

1. 马邑之战的起源

前面咱们说过，公元前135年，匈奴请求和亲，刘彻在大臣们的要求下，同意了，但刘彻心里是不愿意的。时间又过去两年，公元前133年发生了一件事情，刘彻就又把打匈奴的事提了出来。

当时的雁门郡马邑县，大致就是现在的山西省朔州地区。有个姓聂的人通过大行令王恢，自告奋勇地向中央提了一个打匈奴的计划。这位聂大哥，是马邑县的土豪。《史记·韩长孺列传》就直接称呼他为马邑豪。

关于他的名字，目前通行的叫法是聂壹，《史记》里叫聂翁壹。

内蒙古师范大学的阿其图，曾经在他的论文《"马邑之谋"与汉武帝开置郡国的西扩》里，考证过这个问题。他认为应该叫聂翁壹。我认同他的看法，不过，咱们还是按照习惯叫法称呼他为聂壹吧。

《史记》里在身份前面加上"豪"字的，如豪臣、豪吏、豪杰、豪民、豪强等，都不是普通人。至于聂壹，个人认为他应该属于豪吏。原因后面会说到。

当时的雁门郡是边防重地，从汉初到马邑之战为止，光是史书有记载的匈奴大规模攻打雁门的行动，就有七次。马邑县的聂壹就利用地处边境的优势，和匈奴搞走私贸易，进而取得了匈奴人的信任。

聂壹提议引诱单于入境进行伏击的计划，动机是什么，史书上没有说。聂壹提出的计划是通过大行令王恢，直接递送给皇帝本人的，越过了中间所有的行政层级。

这里介绍一下大行令的主管业务，主要包括：边境民族事务，附属国和境内诸侯国的册立、定罪、往来礼仪，等等。可见聂壹通过王恢来向朝廷提出这个计划，倒也合情合理。

也有一种说法是，聂壹的提议就是王恢整个计划的一部分。聂壹本来就和王恢是一伙的。王恢是燕人，当时燕地是边境地区，王恢因为对匈奴的情况比较了解，所以被任命为大行令。这个人主张对匈奴采取攻势，是朝廷里主战派的领袖人物。两年前关于是否要继续与匈奴和亲，王恢就和御史大夫韩安国展开了唇枪舌剑的辩论。可能从那时候起，王恢就开始着手这个计划了。更阴谋论一点的说法是，这个计划是刘彻主导的。

2. 主和派和主战派的争论

咱们回到那场辩论大战。

刘彻跟大臣们说：我们天天花钱买和平，可是匈奴还是天天来打我们。现在我想趁这个机会打他们，你们觉得怎么样啊？

主战派王恢就站出来说：当年战国的时候，代国那么小，也能打败匈奴呢。我们大汉，四海归一，怎么还能被匈奴欺负呢？

主和派韩安国就反驳说：不能因为愤怒就打仗嘛，你看咱们高祖刘邦，被围困在白登七天，后来不是也没生气嘛。

然后两个人怼起来了，他们争论的核心点有三个。

第一，是不是还要坚持和亲的政策？

韩安国说：这是祖宗定下来的，还是不要随便改。

王恢说：和亲了还打我们，那就不和亲了。

第二，打匈奴，对汉朝有没有好处呢？

韩安国说：占了匈奴的地方，我们又没什么用，打仗又会导致百姓受苦。

王恢说：把匈奴打怕了，就不敢来找事了，边境也就太平了，远方的外族也会臣服于我们。

第三，有啥办法能打败匈奴呢？

韩安国说：出兵千里去打匈奴，我们又找不着他们，不好打呀。

王恢说：出去不好打，可以把他们骗进来，打埋伏呀。

怎么样？是不是越看越觉得，像是提前排练好的？

3. 是战是和看利益

这场争论很具有代表性，后代两千多年关于对外战争，甚至外交政策的争论，都没有超出王恢和韩安国争论的范畴。对于这种争议，班固有过一针见血的评价。他在《汉书·匈奴传》的结尾说道："缙绅之儒则守和亲，介胄之士则言征伐。"

缙绅原本指官员手里拿的笏板，后来代指整个官僚群体，或者地方上的官僚。这群人是既得利益者，对他们来说，不管国家吃了多少亏，受到了多少侮辱，那都是国家的事，和他们是没有关系的。不管这个国家是江山完好，还是只有半壁江山，他们仍然还是这个国家的上层阶级。

至于战争，他们不是主角，无法从中获益，而且通过战争获得权力的那些人，也会损害他们的权力。毕竟权力就这么多，别人多了，他们就少了。战争还会对滋养他们的环境产生震动。故战争对他们来说，是一种负担，会打扰他们平静悠然的生活。所以，一切还是维持现状的好。

而对将士们来说，那个时代只有战争才能最大限度地体现他们的价值。对于不甘心混吃等死的人，对于希望报效国家的人，对于希望建功立业的人，对于希望名垂千古、声名不朽的人，打击敌国的战争就是最值得投身的事业。投笔从戎的班超就是这么想的。马邑的聂壹应该也是这么想的。

4. 汉军的作战计划

王恢和韩安国的这场舌战，作为裁判的刘彻最后判定王恢胜利，决定按照王恢说的办。确定了计划，说干就干。在当年的六月，也就是公元前133年，就动员大军在马邑周边设伏。

按照史书的记载，汉朝对这一次作战非常重视，动员了30万人以上的部队，可以说汉军主力是全部出动了。这一点，从任命的前线将领上就可以看出来：御史大夫韩安国为护军将军，卫尉李广为骁骑将军，太仆公孙贺为轻车将军，大行令王恢为将屯将军，太中大夫李息为材官将军。并且提前一年就把李广调任云中郡，进行前期准备。为了确保万无一失，还把汉军的各军兵种都用上了：骁骑，骑兵；轻车，快速战车部队；将屯，边境的屯田兵，有预备役的性质；材官，精锐山地步兵。可能还出动了担任中央警卫的南军。因为卫尉李广原来就是统领南军，担任未央宫警卫任务的。

在史籍中，这场战役，汉军方面似乎是没有统帅的。我认为，统帅还是有的，而且可能有点出乎大家的意料，应该是由韩安国担任。

韩安国以御史大夫的身份出任护军将军。无论是从本身地位上，还是朝廷给的将军名号上看，这个统帅都应该是韩安国。在汉代，护军有统筹协调各方关系的意思。

汉朝选择马邑作为伏击战场，除了聂壹的个人关系之外，还有另外两个原因：一是马邑县所在的雁门郡，直面的是匈奴单于本部，只有在这里设伏才能把单于本人引诱过来实施包围行动。二是地形原因。雁门郡在现在的山西一带。山西的朋友应该都知道，整个山西就是由一系列山脉分割出的一个个盆地组成的。这种破碎的地形不利于骑兵部队机动，非常适合进行伏击战和包围战。

5. 作战计划的破产

在汉军完成对马邑的隐蔽包围之后，聂壹就开始了自己的间谍行动。他跑到匈奴那边，对军臣单于说："我能把马邑的县令和县丞都给宰了，然后全城投降。"单于听了挺高兴，就信了，还派了个使者跟着聂壹一起回去，见证奇迹。聂壹就杀了几个死囚，把他们的脑袋挂在城墙上，然后指着其中的两个跟匈奴使者说："看，这就是县令和县丞，你们快来呀。"使者就赶紧回去报告了。

这里要插一段，解释一下开头的疑问：为啥说聂壹是豪吏呢？

据史籍中"马邑豪"的称呼，聂壹是马邑地方上的土豪，这一点是可以确定的。个人觉得他同时应该也是马邑的县尉。在汉代，县令、县尉和县丞，是一个县里的前三把手。县尉和县丞都是县令的副手，各自负责一个方面。县尉负责的是全县的治安工作，掌握全县的武装力量。

聂壹在劝说单于的时候，说自己能杀掉县令和县丞，却没说自己能杀掉县尉。为啥要专门提县令和县丞，却不提实际掌握马邑县兵马的县尉呢？最合理的解释就是聂壹自己就是县尉。只有这样，匈奴的使者才能那么轻易地就信了那几个人头中的两个是县令和县丞的。

听了使者的汇报，单于赶紧集合了 10 万人马，越过武州塞，杀奔马邑。匈奴人的进军路线，是穿过武州塞，也就是现在的大同市云冈区，进入汉朝内地。云冈石窟往西走一点就是武州塞了。

越过武州塞后，沿着现在二广高速的路线往朔州方向走，这一路都是平地，能快速机动。秦汉时期的马邑县城，位于今天山西省朔州市的朔城区。县城周长9里，面积是北京故宫的1.3倍，人口至少有5000户。这在古代已经算是个大县城了，也难怪单于要急吼吼地过来抢一把。

匈奴大军在距离马邑还有一百多里的地方，大约就是现在的朔州市

Hanwu Shidai Mantan

山阴县境内，突然感觉到有点不对劲。史书上说："见畜布野而无人牧者，怪之。"意思是，光天化日的，牛羊满地跑，居然没人管，肯定不正常。

所以，匈奴军突袭了一个亭，抓了个倒霉的尉史。亭，在汉代的边境地区是一种具备驿站、哨所等多种功能的烽火台。尉史是一个边境特有的官职，一般每一百里有一个；编制和作用大致和现在的边防连类似；主要任务是行徼，也就是巡逻。当时雁门郡尉史的巡逻队碰巧和匈奴大部队撞上了，就赶紧撤退到附近的亭，但还是被匈奴人俘虏了。

刀架在脖子上，尉史只好把自己知道的都说了。单于说："我本来就怀疑不对劲。"然后就赶紧收拾人马，原路撤回去了。等匈奴全部跑光了，边境的人来报告，还守在马邑附近的汉军主力才知道计划已经失败了。

当时王恢单独率领三万人，守在雁门郡东侧的代郡，准备截击匈奴的辎重部队，从后面封住单于往北的退路。眼看着匈奴的军队又原路退回去了，王恢感觉自己这么点人上去就是白给，也不敢出击。

就这样，经过精心筹划，双方投入兵力超过 40 万的一场战役，稀里糊涂地结束了。

两家甚至都没碰过面。

6. 战后的责任人处理

本想打个开门红，结果却是这样的窝囊，刘彻的愤怒可想而知。回到长安的王恢替自己辩解说："当初说好了，骗单于进马邑，我再背后夹击。现在他半路回去了，那我就没办法了。我这三万人全给送人头，也挺丢人的。我知道回来就没好结果，但是至少给陛下您保住了这三万人马呀。"

刘彻看他到这时候还不能领会，只好把他交给廷尉法办了。

王恢到处托关系找人说情，刘彻还是不依不饶。他跟来求情的太后说了心里话：就算拿不到单于的人头，你多打一点伤害值也行啊。哪怕多捡几个急救包，也能证明你来过。现在倒好，几十万人听了你的话，啥也没捞着。你邀请的这一局，你自己却挂机了。不杀了你，大家怎么出这口气？

这话传到王恢的耳朵里，他也只好自杀了。

王恢用自己的生命为这个毕其功于一役的计划承担了责任。至于那位发起计划的聂壹，汉代的史书没有记录他的结局。《三国志·张辽传》说，聂壹的家族为了躲避仇家，不得不改姓张。

7. 战后影响

马邑之战，对汉朝和匈奴的影响是各不相同的。对匈奴人，可以说没有影响。侥幸逃跑的匈奴人，变本加厉，更加频繁地袭击汉朝边境。但是汉朝方面对马邑之战的反应就有点诡异了。王恢，这个主战派的领袖死了。他主导的一场战役，失败了。按照后代某些个王朝的做法，这主和派就该得势了吧？事实恰恰相反，马邑之谋失败之后，主和派却彻底销声匿迹了。

从此之后的历次重大战役，再也没有主和派站出来阻挠。对于军事问题，像王恢和韩安国这样的朝堂辩论，汉武帝时期也再没出现过。汉朝之后发动的战役，规模也是一次比一次大。

对于这个变化，我个人的理解是：马邑之战让刘彻明白，像军队这类事情，是不能拿来让外朝的大臣去辩论的，只能由自己独断专行。

初战失败，也让刘彻明白消灭匈奴将会是一个很漫长的过程，需要更加谨慎和小心。同时，现有的军队和战法是无法完成这个任务的，还需要进一步改革，探索新的战法战略。

当然，这些工作都需要由一个更加高效和听话的领导班子来完成，也就是加快内朝制度的完善，加快对朝廷的整顿。整顿的结果之一，就是他舅舅田蚡的死。

第十章
一场洪水和将相之死

太皇太后窦氏去世之后，刘彻的母亲王氏成了汉朝理论上最有权势的人，她的同母异父弟弟田蚡也水涨船高，成为丞相。但是好日子只过了四年，他就在公元前 131 年不明不白地死掉了。关于他的死，还得先从公元前 132 年说起。

1. 瓠子堤决口

元光三年，公元前 132 年，对汉朝来说，这是非常倒霉的一年。这一年的上半年，黄河决口了，而且是两次。春天的时候，黄河在顿丘河段决口。顿丘也就是现在的河南省濮阳市清丰县。这个决口还没处理完，五月初三，著名的瓠子堤又决口了。

关于第二次决口的位置是有争议的，目前有滑县和濮阳县两种说法。瓠子堤又叫秦堤，从河南省卫辉市开始，经过滑县到达濮阳市，是一条绵延一百多公里的黄河南岸堤防。

这第二次决口的影响非常大，直接导致了有历史记录以来黄河的第一次向南改道、第一次夺淮入海。黄河水冲破了瓠子堤，向东南灌入巨野泽，把巨野泽灌满之后冲进泗水，再通过泗水进入淮河，最后夺取淮河的河道入海。受灾的地区有十六个郡，几乎占了全国郡县的四分之一。

瓠子堤决口的直接原因，目前有两个说法。

首先是春汛和夏汛的叠加。黄河的决口一般发生在夏季，但这一年，黄河的两次决口却发生在春夏之交。可能是由于黄河上游降雪比往年多，导致春汛规模比往年大，而夏季降雨时间又比往年提前，导致短时间内黄河水量持续增长，进而引发决口。

其次就是位置原因了。不管是濮阳还是滑县，都位于黄河的拐弯处。历史上大多数有记录的决口都集中在从郑州到濮阳这两百公里左右的黄河河道地区。如果黄河下游河道像是左右摆动的手臂，那这个地区就是肘关节了。

2. 黄河的形成和决口历史

按照某些观点的估计，黄河形成今天这种河道，可能最多只有一万年。

第四纪冰川末期，高原冰川的融水，开始沿着山谷的低洼孔道向海拔更低的地方汇集，然后在盆地里形成面积广大的湖泊。随着气温进一步升高，降雨也不断增加。青藏高原周边一系列的造山运动，迫使古河道和古湖泊不断地发生决口和改道。

河水沿着新形成的通道从青藏高原冲出，在银川盆地、河套盆地形成新的湖泊，在把这些湖泊都填满之后，河水继续向前，沿着晋陕大峡谷抵达三门峡盆地。在受到豫西山地的阻拦之后，掉头向东奔向大海。经过这一系列的决口和改道，最终形成了如今的黄河河道。

日积月累，黄河携带的巨量泥沙填满了大陆架的浅海区域，形成了面积广大的冲积平原，就是华北大平原。直到今天，黄河三角洲还在以每年两公里左右的速度创造新的陆地。

在创造出华北大平原之后，多余的泥沙开始抬高黄河的河床，并最终让河床高出了地面。然后就开始决口，继续向更低洼的地方改道。黄河就像一支画笔，不停地画上一条条线段，最后，用这些线段把画面铺满。

历史上的大多数时间里，黄河下游流向都是自南向北的。因为现在的河北平原和渤海同属于渤海湾盆地，在地质构造上存在缓慢沉降的现象，这就导致黄河水总是流向这块洼地。即使是现在，河北平原的平均海拔仍然比同属华北大平原的豫东平原和淮北平原要低 10 到 20 米。黄河的决口和改道，还和人类的活动有关，尤其与人口的增长和土地的开垦有关。战国之前，黄河在称呼上还没有突出"黄"这个特点。黄河这个叫法，是战国中期之后才出现的。而到了西汉时期，黄河水就已经是一石水六斗泥了。

在东汉之前，黄河平均 37 年决口一次。在三国到隋唐时期，平均 27 年决口一次。到了五代和宋元时期，决口的频率迅速增加，平均两年一次。明清到民国时期，差不多是每年一次，甚至半年一次。

以北宋为分界线，黄河的改道和决口开始转向南方。至于原因，除了因为常年的北流抬高了北岸地势的高度，导致河道向南方转移之外，还因为这个时期有很多为了挽救军事失败而人为制造的决口和改道。

3. 黄河堤坝工程

为了应对黄河的决口，我国从战国时期就开始修筑黄河大堤。最早的黄河堤防系统，往往是在距离中心河道十里，甚至几十里的地方修筑河堤，把黄河两岸近百平方公里的地方变成蓄洪区，让黄河的河道在这几十里宽的地区自由摆动。随着人口越来越稠密，黄河的河床也越来越高，便开始转为沿河筑堤。

黄河决口之后，想要重新封堵决口是很不容易的事情。据山东大学鲍梦隐博士《黄河决、堵口问题研究——1938 年 6 月—1947 年 9 月》一文可知，1946—1947 年，为了封堵花园口的黄河决口，让黄河返回故道，河南、河北、山东三个省前后动员老百姓超过 20 万人，一共挖了 2700 万方土，用掉了 50 万斤麻绳，打了 20 万根木桩。从开工到全部完成，干了整整 13 个月。这还是 20 世纪，换做 2100 年前的西汉时期，工程难度就更不用说了。

4. 瓠子堤决口的后续

在瓠子堤决口之后，刘彻让郑当时和汲黯指挥十万军队去封堵决口。不知道是因为方法不对，还是那一年的黄河汛情特别严重，反正是一堵上就给冲开了，始终搞不定。

俗话说，每逢天灾，必有人祸。就在这个时候，历史也安排了一个充当奸臣角色的人。这个人就是刘彻的舅舅田蚡。

当时，田蚡的封爵是武安侯，食邑是清河郡的鄃县，也就是今天山东省德州市的夏津县。食邑的大概意思是，这个地区的税收国家不要，都归受封者本人所有。鄃县在黄河的北岸，瓠子堤决口之后，黄河到这里就断流了。因为没有水灾的威胁，鄃县的收成就特别好。

田蚡就对刘彻说：江河决口那都是老天决定的事，非要把决口给堵上，未必合乎老天爷的心意呀。再加上一帮子搞封建迷信的望气用数者，也说这事不好办，刘彻也就只好终止了封堵决口的工程，并且在之后20年内都没再提封堵决口的事情。

田蚡为了自己的收入，黑了国家一把。他的田地是保住了，但是那些成为黄泛区的郡县就惨了，多少年都没有好收成。黄泛区的次生灾害具体有多严重，推荐大家看一部老电影《焦裕禄》。

不知道田蚡有没有为自己的小聪明而暗自高兴。不过，他也高兴不了多久了，一年之后他就死了。

5. 新老外戚的冲突

田蚡和窦婴，以同归于尽的方式，给汉武帝初期新老外戚的斗争画上了句号。具体到每个人身上，窦婴是死于田蚡陷害，而田蚡则是死于刘彻的生育问题。

田蚡和窦婴，司马迁在《史记》里是把他们合为一传，一起来说的。在《魏其武安侯列传》里，太史公不惜笔墨地描写了他们之间的很多细节，读起来就跟小说似的。看过电视剧《汉武大帝》的朋友，应该对大体情况比较熟悉了。咱们就说一下电视剧没仔细说到的几个地方。

田蚡是王太后同母异父的弟弟，出生在长陵邑。长陵是刘邦的陵墓。汉代，特别是汉初的时候，喜欢把关东的原六国贵族或者大族豪强，强制迁徙到关中，从而达到一石二鸟的目的，既能增加关中的人口，又解除了他们对地方郡县的影响力。把这些人迁徙到关中之后，让他们围绕陵墓组成新的城邑。这就是著名的"徙陵制度"。田蚡他们家当初就是这么到关中来的。

这一制度发展到后来，就成为朝廷打击地方豪强势力的一个有效的手段，比如之后刘彻的"迁茂陵令"。对地主豪强们来说，简直是谈"迁"色变、闻风丧胆。

汉景帝活着的时候，窦婴就已经做到了大将军。而那时候，田蚡还只是个郎官。等刘彻被立为太子，田蚡也就水涨船高，被封了侯。刘彻即位之后，作为新外戚的代表，田蚡的势力就渐渐抖起来了，眼看着就要压倒窦婴。

后来窦太后死了，失去了最大的靠山，窦婴再也没办法东山再起。为了和田蚡抗衡，就和颍阴（治今许昌市）的豪强灌夫抱团。

灌夫这个人，地位比他高的，他就踩；地位比他低的，他就捧。因为总是喝酒闹事，结交黑恶势力和违法乱纪，灌夫把官位也给弄丢了，成了个平民。

灌夫有钱，但是没身份，就想借助窦婴皇亲国戚的身份，提高自己的声望。而窦婴，因为在朝堂上失势，之前的宾客大都跑去投靠田蚡了，所以也想借灌夫的势力抗衡田蚡。两人一拍即合。

田蚡这个人，本性就爱投机。当初自己还是个郎官的时候，伺候大将军窦婴喝酒，恭顺得跟儿子差不多。等自己发达了，当了丞相，就开始骄横跋扈。而窦婴，又不是那种能忍气吞声的性格。渐渐地，两个人起了冲突。

有一次，田蚡随口对灌夫说，明天我和你一起去窦婴家吃饭。窦婴两口子听说了之后，赶紧连夜准备饭局，忙了整整一宿。结果直到第二天中午，田蚡还是没来。灌夫感觉被耍了，就亲自到丞相府去找田蚡，硬逼着他去了窦婴家。

还有一次，田蚡想要窦婴在长安城南的田地，窦婴不给。田蚡觉得自己之前救过窦婴儿子的命，现在想要两块地，居然不给。

这样，田蚡就记恨上了窦婴和灌夫。

6. 窦婴、田蚡之死

到了公元前 132 年，也就是瓠子堤决口的这一年，田蚡就去找刘彻告状，说灌夫在颍川郡横行霸道，残害百姓。刘彻可能正忙着堵决口的事情，就跟他说：这是丞相的工作，就别向我请示了。田蚡就准备对灌夫动手。但灌夫不带怕的，对田蚡也一向不客气。

灌夫敢于对田蚡不客气，是因为他掌握了一些田蚡的隐私，尤其是田蚡和淮南王之间不可告人的事。为了防止同归于尽，双方只好让宾客出面，各退一步，暂时和解。

公元前 132 年的夏天，田蚡娶燕王的女儿做夫人。结果因为敬酒的问题，灌夫在婚宴上大闹了一顿。田蚡干脆撕破脸，先下手为强，以"不敬"的罪名逮捕了灌夫，还把灌氏一族都给判了死罪。田蚡心想，这下你没法揭我的老底了吧？

窦婴为了救灌夫，跟刘彻说了很多灌夫的好话。刘彻就派人去查，结果实际情况和窦婴说的对不上。这就是欺君之罪了，窦婴也被抓了起来。汉景帝还在世的时候，曾经给窦婴留了一道遗诏，告诉他，事情搞不定的时候，你就把这道遗诏拿给皇上看看。到这时候了，窦婴赶紧让侄子把遗诏呈送给刘彻。

事情到这里，有趣的地方就来了。刘彻让掌管档案的尚书去查，结果是没查到遗诏的原始档案。这是伪造诏书呀，罪加一等。到了十一月，就把窦婴以及灌氏满门给杀了。

按照汉朝的法律，本年度的死刑犯，要在十一月执行死刑。如果到了来年春天，朝廷颁布了赦令，那就可以拿钱来赎罪，犯人就能免于一死了。为了防止窦婴死里逃生，田蚡赶在年底急急忙忙地把窦婴给杀了。

表面上，窦婴死于那份诏书。我认为吧，他的死，主要还是两个原因。首先是太后，得知窦婴和田蚡的纠纷之后，太后非常生气，不吃饭，跟刘彻说："我还活着呢，就有人敢踩在你舅舅头上，我要是死了，你舅舅还不得成为人家的刀下鱼肉啊。"

太后把话都说到这份上了，刘彻也只能让窦婴去死了。

还有一个原因，让刘彻放弃了窦婴。当然，这个原因就有点让人寒心了。当时，窦婴已经没啥用了，无论内政外交，都可以不再需要他。窦婴闹了这么一出，更是平白无故地给刘彻找了很多麻烦。既然老妈和舅舅都想让你死，那就只好这样了。至于那份遗诏，无论到底有没有，窦婴的结局都不会有什么不同。

窦婴死了，旧外戚的势力彻底退场。但是田蚡也没高兴几天，就在三个月后，也死了，据说，是害怕窦婴和灌夫的鬼魂，被吓死的。他确实是忧惧而亡，但是他忧惧的不是什么鬼魂，而是他见不得人的秘密被曝光了。

虽然灌夫和窦婴都死了，但是灌夫掌握的把柄，其他人说不定也知道，事情传到刘彻耳朵里，不过是早晚的事。田蚡真正怕的应该就是这个。

《史记》上说，田蚡死后，他的儿子田恬继承了武安侯的爵位，但是只过了五年，田恬就因为进宫的时候穿的衣服不合规矩，被废除了爵位，罪名是"不敬"。当初田蚡抓捕灌夫，用的也是这个罪名。

7. 汉武帝的生育问题

那到底是什么样的秘密，能把田蚡给吓成这样呢？

这就要说到刘彻的个人烦恼了。通俗地说，就是刘彻的生育问题。

不知道是什么原因，刘彻都已经二十好几了，还是没有儿子。对于皇帝来说，没儿子是一个非常严重的问题。没有儿子，也就是没有继承人。在当时人的眼中，儿子继承老子的皇位，天经地义，大家都没话说。可是，如果你没有儿子，那这个皇位，为什么不能是我的呢？

不仅皇室成员会这么想，就是大臣们对皇帝的忠心也会产生动摇。当年周勃和陈平拥立代王刘恒当皇帝，理由之一就是少帝不是汉惠帝的亲儿子。

碰到这样的情况，臣下的忠诚度难免会打折扣，也包括田蚡这样的亲舅舅。在田蚡当上太尉的第二年，刚好淮南王刘安进京朝觐，田蚡就到霸上去迎接他，霸上也就是今天的西安市白鹿原。田蚡私下里跟刘安说：现在天子没有儿子，大王您是高祖的孙子，又有贤名，如果天子死了，这皇位肯定是您的了。淮南王听了，非常高兴，送了田蚡很多钱。

实事求是地说，田蚡应该不是真的希望刘彻死。亲外甥刘彻当皇帝，对田蚡来说，已经是利益最大化了。如果还想更进一步，只能是自己造反当皇帝。他跟淮南王说这些话，应该是投机本性发作，见人就拣好听的说，顺便再捞一点外快。

这种话，只要传到皇帝的耳朵里，那是必死无疑的。田蚡就是感觉经过窦婴和灌夫这么一折腾，说不定，这个秘密就已经泄露出去了，所以才忧惧而死。他自己，或者家里人不敢实话实说，只好编了个窦婴和灌夫鬼魂索命的幌子来遮掩。

后来淮南王谋反案事发，这个秘密还是被曝光了。刘彻就公开地说：使武安侯在者，族矣！

不管怎么说，这没儿子，肯定是不行，没儿子成了刘彻的一块政治短板。现代人可能对生育问题看得比较开，没法体会古人的心情。

打个比方：有一笔巨额财富在等待你继承，但是有个硬性指标，你必须有儿子，可你没有，就问你着急不着急吧？即使是现代人，结婚七八年没孩子，流言蜚语都会满天飞，更别说两千多年前了。当然，当时的刘彻已经有女儿了，只是没有儿子，这一点得说明一下。

刘彻的姐姐平阳公主，就是因为这个事，才搜罗了那么多美女给他。卫子夫也是因为这个机会才进宫的。

直到公元前128年，刘彻都已经28岁了，卫子夫才给他生了第一个儿子，也就是后来的戾太子刘据，刘彻的这块短板才算被补上。在平均寿命不到50岁的古代，这至少是中年得子了。儿子出生两个多月之后，卫子夫被立为皇后。

窦婴和田蚡都死了之后，外戚势力已经不能对刘彻的政治抱负构成阻碍，汉朝对四方开疆拓土的行动开始进入加速期。

第十一章

拓边西南

汉武帝时期的开疆拓土，在西北两个方向主要是为了应对匈奴的军事威胁。汉朝需要把国防线尽可能地往前推，争取更大的防御纵深和更靠前的出发阵地。而在南方的扩张，主要是为了解决秦朝灭亡之后产生的历史遗留问题，也就是割据岭南的南越国。汉武帝没有一上来就直接把矛头指向南越，而是采取了一种迂回的策略，先对南越国的侧翼下手。

1. 拓边西南的起源

汉武帝时期的对外政策，用两个字来形容，就是积极。对任何事情都不是坐着干等，等待有利于自己的变化发生，而是积极地想办法，让有利于自己的变化早点发生。哪怕再微小的条件，都要加以利用。张骞通西域，起因就是一句传言。马邑之谋，起因是走私犯的个人算计。而开拓西南夷的直接起因，干脆就是因为一份酱料。

之前闽越国闹事，刘彻派韩安国和王恢出兵讨伐。王恢负责的是豫章，也就是现在的江西一带。王恢派人到南越去，企图威慑他们一下。这个出使的人是当时的鄱阳县令——唐蒙。

他到了南越，在吃饭的时候发现了问题，南越人给的饭菜里有一种叫枸酱的蜀地特产。他就问枸酱的来历，得到的答复是：在南越国的西北有一条牂牁江（今北盘江），江面很宽，大船可以直接航行到番禺（今广州）城下，东西就是从那里来的。

历史上关于枸酱到底是什么东西，争议非常多。有人认为枸酱就是把构树的叶子捣碎之后腌制而成的，口感和咖喱差不多。还有人认为枸酱就是构树的果实发酵而成的饮料，口味和格瓦斯类似。

有些人总是能在别人不注意的地方发现机遇，唐蒙就是这样的人。他完成使命，回到长安之后，就专门找了蜀地的商人了解枸酱的情况。商人们说：枸酱确实是我们蜀地的特产，是有人偷偷贩卖到夜郎国的。这个夜郎国就在牂牁江的边上，江面很宽，能行驶大船，夜郎国就经常往南越倒卖蜀地的商品。

唐蒙搜集了信息，觉得确实是个机会，就向刘彻汇报：南越国表面上臣服于汉朝，但实际上是一个独立小王国。现在从长沙郡和豫章郡攻打南越，无论是从湘水还是赣水出发，都属于逆流而上，道路很不好走。我听说夜郎国有十几万精兵，又有牂牁江可以顺流而下直达番禺，这样就可以对南越出奇制胜。而且以大汉的强大和蜀地的富裕，修几条路到夜郎国，也很容易。

刘彻同意了，加封唐蒙为中郎将，派了一千多人的军队和一万多人的运输队，跟着唐蒙去寻找夜郎国。唐蒙从成都出发，终于到了夜郎国。他先把带来的财物赏赐给夜郎国和周边的小部落，再向他们宣传汉朝的强大，经过一番操作，夜郎国表示臣服。

周边的小部落虽然觉得汉朝离得远，未必能拿自己怎么样，不过看在钱的分上，也暂时选择听唐蒙的。唐蒙返回之后，汉朝就把夜郎国改为犍为郡。

以此为起点，汉朝开始大规模开拓西南的行动。

2. 西南地区地理环境概况

西南夷所处的地方，是中国地形最崎岖最复杂的地区。以云贵高原为例，94% 都是山地。山地多也就算了，起伏还非常大，从 400 米到 3500 米不等，所谓"地无三里平"说的就是这个意思。而且云贵高原主要由石灰岩构成，是典型的喀斯特地貌。降水把地表环境改造得更加崎岖，著名的石林风景区就是这么形成的。对游客来说，这是美景；对古人来说，生活在这种环境里是非常悲催的一件事。

此外，山脉的走向和河流的走向高度一致，把云贵高原切割得一片破碎。沿河居住的还好，能沿着河谷沟通交流，横向交通则异常困难，且只要翻过一座山，就又是另外一个世界了。这种崎岖的地形严重限制了大型民族的形成，不仅如此，复杂的地形也造成了复杂的气候。

一般来说，海拔每升高 100 米，气温下降 0.6℃ 左右。越是高峻的山脉，垂直分布的特点就越明显，山上的气候可能接近温带，走到山下或许就直接进入亚热带了。因此这一地区，游牧、半游牧、农耕和原始渔猎的生产方式同时存在，各个民族和部落之间的发展水平差异非常大。居住在气候比较稳定、地势比较平坦，或者交通比较便利地区的民族，就发展到了国家形态，比如滇国和夜郎国。而环境差一些的地方，就是一群松散的小部落。环境更差一些的地方，则还停留在原始公社状态。大家各过各的，谁也不搭理谁。

面对这样的自然环境，秦汉对西南地区的开拓，全部是以修筑道路开始的。

3. 秦汉对西南的开拓和道路建设

从秦昭襄王到汉武帝时期，对西南的开拓一共分为四个阶段，依靠的就是五条道路。道路修到哪里，郡县就建到哪里。

（1）秦昭襄王时期

蜀郡太守李冰修筑了都江堰之后，为了打通从成都通过岷江向长江中下游输送粮食的航道，又沿着岷江修筑了从成都到宜宾的僰道。因为这条道路通过僰人的地盘，所以叫僰道。

（2）秦始皇统一六国之后

秦统一六国之后，秦始皇派将军常頞在僰道的基础上，继续向南延伸。从宜宾开始，经过高县、筠连县、盐津县、大关县，到达昭通市。这就是著名的五尺道。秦朝灭亡之后，五尺道就被废弃了。

（3）汉武帝前期

唐蒙搞定夜郎国之后，组织好几万人修筑通往犍为郡的道路。这条道路的前半段利用了重新整修的五尺道，然后从今大关县开始向东修筑新的道路。沿着现在的彝良县、镇雄县、毕节、六盘水，到达六枝特区，再沿着今天的南广河、横江到达北盘江流域。这就是南夷道，也叫唐蒙道。

这条道路宽十几米，绵延一千多里，使用寿命长，至少在几百年后的北魏时期，这条道路还能通行。或许是对质量要求太高，又或者是工期太紧，很多人死于施工，剩下的人也开始逃跑，导致巴蜀地区局势动荡，刘彻不得不派遣担任郎官的司马相如去平息众怒。

当时的西夷部落听说南夷部落向汉朝臣服之后得了很多好处，也都向汉朝要求归顺。刘彻又任命司马相如担任中郎将去处理这些事。为了沟通这些部落，司马相如开始从成都往西修筑新的道路。

从成都开始，经过邛崃、芦山、荥经，到达汉源，然后沿着青衣江、鲜水河、大渡河、甘洛，过冕宁、安江河，抵达西昌，这就是西夷道，也叫零关道。在这几条主要道路中，海拔最高的一条，大体就是现在成都到西昌段的京昆高速。

本来司马相如还想继续往前修，但是遭到丞相公孙弘的反对。鉴于对匈奴的战争越打越大，为了不分散力量，刘彻只好暂停了对西南夷的行动。

（4）汉武帝后期

张骞出使西域归来之后，向刘彻报告说：西南地区存在一条从蜀郡经过西南夷到达身毒（今印度）的通道。刘彻决心打通这条通道，就在今天的云南境内修筑了博南山道，也就是今天杭瑞高速永平到保山段。

虽然到身毒的通道最终没有打通，但是到此为止，以秦五尺道为基础，经过几十年的建设，汉朝已经在西南夷地区构筑了有效的交通网，并且先后设立了八个郡：沈黎郡、汶山郡、犍为郡、牂牁郡、武都郡、越巂郡、零陵郡、益州郡。

4. 夜郎自大的由来

汉朝经营西南夷的核心据点是滇国和夜郎国。

滇国位于今天云南的滇池地区，夜郎国的面积比滇国大一些，现在的贵州省除了东北部之外，都是夜郎国的范围。滇国是楚国将军庄蹻建立的国家，后来受到汉朝的册封。历史上，虽然夜郎国和滇国都不知天高地厚，不了解外界情况，但是首先说出"汉与我孰大"这句名言的，是滇王而不是夜郎人。只不过滇国自大，不如夜郎自大说着顺口，所以这个没见识的黑锅，夜郎国也就一口气背了几千年。

5. 汉朝对西南地区的统治策略

汉朝对西南夷地区的新郡县，采取的是羁縻政策。羁縻的意思原本是操控牛马的笼头和绳子，这个政策主要是在没有足够力量的时候，把一个地区维持在汉朝的体系内，但不过多干涉他们的发展。史书上说"以其故俗治，毋赋税"，即不改变当地部落的风俗习惯，不向他们收税，同时给这些部落首脑很多赏赐，让他们接受汉朝的统治。

在控制了主要交通线和据点之后，汉朝开始不间断地向西南夷地区移民。对自然环境进行改造的同时，加快和当地人民的交流和融合。在具备一定人口基础之后，就开始建立驿站系统和城市，实现对土地的永久性控制，逐步把羁縻郡县变成实际控制的郡县。在这个过程中，为了维持新郡县的生存，内地的郡县，比如南阳郡和汉中郡，也对这些新设立的郡县，进行了对口支援。

当然，这个过程不可能是一帆风顺的，除了恶劣的自然条件之外，还会受到西南夷部落的攻击，时不时地就会有叛乱发生。

到了公元前 112 年，借着讨伐南越的机会，汉朝大举用兵，一口气降服了西南夷地区所有不顺服的小国和部落。

总体上，汉朝对南夷地区的开拓是很成功的，但是在西夷地区一直不太顺利。没办法，要克服横断山脉和青藏高原对交通造成的困难，也不是一件容易的事情。这里有两个数据，大家体会一下那里的自然条件。川藏铁路，全长 1800 多公里，光是隧道和桥梁就要修建 1400 多公里，是世界上最难建的铁路之一。

汉武帝时期对西南夷地区的开拓，为后代对大西南地区的开发奠定了基础。特别是对西南夷道的建设，更是功在当代，利在千秋。云贵川地区的很多重要道路，就是在原来西南夷道的基础上修建的。开拓西南夷地区，拓展了四川盆地的外部纵深，让西南地区形成了以成都平原为核心的战略大后方。

在整个开拓西南的过程中，反对的声音就一直没断过。对此，实际参与开拓工作的司马相如在他的《难蜀父老》里进行了反驳："使疏逖不闭，昒爽暗昧得耀乎光明""遐迩一体，中外禔福"。意思是说，让远方的人也能见到新的世界，让被愚昧和黑暗蒙蔽的人也能有光明的出路。不论远近，所有人都能得到幸福。

6. 开拓大西南对中国的意义

对国家的整体战略规划来说，很多事情是没有近期收益的，但还是要几十年如一日地进行投入。之所以要忍受眼下的付出甚至牺牲，主要是因为无论古今中外，有些事情祖先如果没有完成，后代子孙可能就永远没有机会了。有些难题祖先如果没有解决，后代子孙就要付出血的代价。所谓不谋万世者，不足谋一时，说的就是这个意思。

不管是打通西域还是开拓西南夷地区，都是持续了几十年的大工程。它们对国家发展所起到的积极作用，也需要一个漫长的过程才能显现出来。就在汉朝的使者和筑路队深入大西南群山丛林的时候，汉朝总结了马邑之战的教训，又策划了针对匈奴的新战役，这就是龙城之战。

第十二章

从奴隶到将军，汉朝人可以多能打

马邑之战四年之后，汉朝决心再次进攻。基于马邑之战的教训，这次战役选择把战场推进到匈奴境内。

1. 作战部署

战役安排和进军路线：车骑将军卫青从上谷郡出发，骑将军公孙敖从代郡出发，轻车将军公孙贺从云中郡出发，骁骑将军李广从雁门郡出发。每个人率领一万骑兵，进攻关市附近的匈奴人。

关市，是汉朝设立在边境地区的交易市场，用来和匈奴进行贸易，既能抽取关税，还能用贸易笼络物资匮乏的匈奴人，是羁縻政策的重要组成部分。即使在马邑之战汉匈双方撕破脸之后，关市的交易也没断过。

从汉高祖到汉武帝，汉朝一直在不断地放宽边境政策，逐步扩大贸易额。贸易额达到了什么程度呢？《盐铁论》说通过贸易，匈奴的各种大牲口已经是"尽为我畜"，意思是就跟汉朝自己养的似的。

2. 战役目的

这次战役，汉朝部署了四路人马齐头并进，每支部队相隔一百多里，大家一起往前走。使用这种摊煎饼一样的用兵方式，可以大致看出来本次战役应该是战略试探。

这个试探，既是对匈奴人的试探，也是对自己人的摸底。

在战术层面上，首先是驱逐作战。当时的北方边境，匈奴人已经越过了秦长城，自由活动在长城以南地区。选择关市为直接进攻目标，同时四路大军一起行动，目的应该是压缩匈奴人的活动范围，将匈奴人驱赶到长城以北，恢复以秦长城为依托的边防线。

其间，汉军主动寻找匈奴军队交战，用少量部队去测试新的战术。各部队只相隔一天的路程，能及时进行支援，就算战局不利，也能减小损失。最后，无论战役的结果如何，都是对骑兵新战术和将领们的考试。出战的四个人，除了老牌骑兵将领李广之外，两个公孙将军和卫青都是刘彻的近侍出身，需要通过实战来考察他们的指挥能力。

结果也很快就出来了。

3. 作战经过

李广和公孙贺进攻的地区，是匈奴单于本部和左贤王部的结合部，因此受到匈奴主力的两面夹击，几乎全军覆没。李广更惨一点，自己也被俘了，好不容易才跑回来。公孙敖向北进攻，抵达长城脚下，一路上谁也没见到，就原路返回了。

因为左贤王部去围攻汉军的左路部队，所以卫青和公孙敖一样，在进军的路上也没有碰到匈奴军队。但是，这个时候就显现出卫青的名将潜质了。他没有原路返回，在判断出左贤王部内部空虚之后，卫青果断选择越过秦长城，杀入左贤王部腹地，以一次果断的突袭，占领了匈奴祭天的龙城，连击毙带俘虏，收获了七百个人头，成为这次战役唯一取得战果的部队。龙城之战的名字也就是这么来的。

4. 龙城的位置

关于龙城的位置，众说纷纭。我认为应该是位于现在河北省康保县和内蒙古的锡林郭勒草原地区之间，这一带是匈奴左贤王王庭所在地。龙城是匈奴人进行祭祀活动的地方，类似于汉家所说的宗庙，皇帝可以立宗庙，诸侯士大夫也可以。龙城不仅单于庭有，其他的王庭也可以有。

有观点认为，卫青袭击的就是单于庭附近的龙城。关于汉初单于庭的位置，目前有漠南的阴山地区和漠北的和林地区两个说法。卫青的进军路线在战场的最右边，不可能穿过其他三个部队的进军线路，去攻击战场最左边的阴山。

至于漠北，那就更不可能了。让卫青只带一万人就越过大漠偷袭单于庭，太不切实际了。

5. 战后处理

战后，公孙敖和李广被判了死刑，靠花钱才买了一条命。卫青则晋升为关内侯，在二十级军功爵里，仅次于最高级的彻侯。

关于这次战役，从战果上来看，公孙敖和李广两人加一起，赔了一两万人，卫青才给挣回来七百，明显是亏了。战后，刘彻在面向全军的诏书里，对此次战役进行了总结。

失败的原因主要是两条：首先是统兵将领和部队不熟悉作战，上下思想没有统一；其次是高级将领指挥失误，中下级军官作战意志不坚定，擅自脱离战斗导致部队崩溃。长期处于防御状态的军队，一旦转入进攻作战，并且深入敌境，难免会出现不适应的情况。这也是汉朝要进行战略试探的原因。通过小规模的战役，锻炼指挥官和军队，同时尽快解决已发现的问题，为下一步更大规模的战役做准备。所以，刘彻在诏书的最后赦免了所有溃逃的中下级军官和士兵。

卫青就是指挥着这样的部队深入敌境的。在本身就是个新手的情况下，能把部队几乎完好无损地带回来，同时还能有收获，已经是非常了不起了。

6. 龙城之战的影响

这场战役虽然交换比很难看，但是在政治上却是一场大胜利。首先，这场战役证明了刘彻的识人之明，刘彻任用卫青这个从来没有指挥过军队的人当车骑将军，应该也是很有压力的。这次战役，证明了刘彻选择的正确性，再也没有人质疑他的人事任命。我给你一个机会，你还我一场胜利，这就是君臣相得的典范。

其次，这场战役证明了新战法是可行的，匈奴人也是可以被打败的。最重要的变化发生在心理上，作为靠掠夺周边民族来养活自己的军事帝国，匈奴必须每战必胜，才能保持对周边国家的压力。只要失败了哪怕一次，就可能土崩瓦解。因为只要成功反击了一次，被他欺负的国家就再也不会怕他了。

实际上，龙城之战以后，匈奴的反应和马邑之战差不多，就是继续杀掠，然后就没有然后了。匈奴没有任何办法阻止汉朝的前进。在龙城之战以后的十年里，汉朝连续发动了八次进攻，终于打崩了匈奴，迫使匈奴人开始向西方迁移。

在展开这八次作战的经过之前，咱们先对三个方面做一下简单的探索，为后面更好地理解汉匈战争的经过，提前做个铺垫。

7. 将军卫青

大诗人王维曾经在《老将行》里狠狠地黑过卫青一把："卫青不败由天幸，李广无功缘数奇。"意思是，卫青的成功那是老天保佑，李广没有封侯是运气不好。

卫青的经历可以说是"天将降大任于斯人也，必先苦其心志"的典型案例。卫青的出身是不太光彩的，即使在现在看来也是如此。他的爸爸叫郑季，在平阳侯的家里当办事员。老郑和平阳侯的侍妾卫氏私通生了卫青，卫青从小就是个奴仆，因为姐姐卫子夫偶然被刘彻看中，才得以摆脱奴仆身份。后来随着刘彻逐步扩大近卫部队，卫青的军事才能逐渐被刘彻注意到。到了反击匈奴时，卫青被刘彻破格提拔为车骑将军，然后一战成功，从此一发不可收，成为千古相传的名将。

命运没有给他一个高贵的出身，但是命运给了他一次改变的机会。而他也抓住了，并且一直都保持着清醒的头脑和宽和的性格，最后做到了善始善终。而这次一同出征的其他三个将军，要么死于自杀，要么死于国法。

说卫青幸运，那倒也不假，毕竟得到了一次机会。不过，李广的机会也是有的，恐怕比卫青还要多。别的不论，单就这一次龙城之战来说，在一起出征的四个人里，最精锐的骑兵都给了骁骑将军李广。给骑将军公孙敖的是普通的骑兵部队，而给卫青和公孙贺的干脆就是骑兵和车兵的混编部队。

8. 西汉的军事编制和骑兵装备概况

在汉代，一般可以通过将军的名号来判断所统率的是什么部队。汉代的将军可以分为两大类：军阵将军和军制将军。

军阵将军也就是所谓的杂号将军，一般根据部队的性质或者任务的情况来命名。比如：骁骑将军，骁骑的意思就是精锐骑兵；骑将军，就是指挥普通骑兵部队；游击将军，说明部队具有预备队的性质，需要经常充当"救火队员"；贰师（地名）将军，说明了征讨的对象；楼船将军，说明要依赖水面作战部队。

军阵将军不是国家常设的官职，根据实际需要临时任命，战争结束之后军号自动作废，所属的部队回归各自的建制和驻地。

军制将军是国家的常设官职，平时有自己统属的部队，有固定的幕府，也就是参谋机关。在西汉时期，军制将军有八个，从高到低分别是：大将军和并列的骠骑将军、车骑将军、卫将军、左将军、右将军、前将军、后将军。

按照汉代的习惯，军制将军统领的是中央军和近卫部队；军阵将军统率的是地方兵种。

汉代的部队编组原则是因地制宜，平原地区的士兵就编组成车兵和步兵；西北边郡的士兵往往编组成骑兵；南方郡县的士兵则编组成水面舰队。不仅部队编组因地制宜，将军的任命也是因地制宜。比如参加龙城之战的公孙敖和公孙贺，这两个人都是北地郡义渠县（今甘肃庆阳）的。这个地方也是春秋战国时期义渠国所在地。关于公孙贺，《史记》明确说了他是胡人，他老爸叫公孙浑邪，也不知道跟匈奴的浑邪王部有没有关系。

汉朝最重视的兵种就是骑兵，汉军骑兵分为轻骑兵和重骑兵。轻骑兵一般不穿甲胄，主武器是弓弩，使用体形小、速度快的马。重骑兵装备有带内衬层的甲胄和铁制头盔，主武器是戟或者戈，使用体形高大的马。轻骑兵主要负责火力输出和穿插迂回，而重骑兵主要负责对敌人阵形的正面冲击。

经过战国时期的发展，冶铁术到西汉初期进一步提高，在增加钢铁韧性的同时稳定住了强度。铁制兵器和铁甲在汉代开始普遍装配骑兵部队，同时也让环首刀成为广泛使用的副武器，取代了先秦时期的短剑。

环首刀长一米左右，还可以用布帛系在手腕上，防止战斗中脱手。马匹的装具统一标准化，马鞍和马蹄铁已经是基础配置。骑兵在汉代是独立兵种，也可以和其他兵种进行战术混编，同时有自己的后勤和训练体系。

汉朝在生产技术上的优势全面压倒匈奴和西域诸国。技术上的优势，充沛的物资生产能力，再加上战术出色的将军和具备战略运筹能力的皇帝，汉朝开始一步步反推匈奴。

根据杨家湾汉墓出土的西汉兵马俑，骑兵部队中轻骑兵和重骑兵的比例是 1∶5，符合以正合，以奇胜的军事思想。汉代骑兵的编制大体如下：最小的单位是 5 骑，由骑长率领；每 10 骑设立一个骑什长；每 50 骑设立一个骑士吏；每 100 骑设立一个骑卒长；每 200 骑设立一个骑五百；每 400 骑编成一个曲，由骑千人或者军候统率；每 800 人左右再组成一个部，由校尉或者骑都尉统率。

曲是骑兵的基本战术单位，准备作战时以 100 骑组成一个等边方阵，在此基础上，根据需要进行阵形的组合变化。利用这种基础编制，发展出千变万化的战术手段，则是对一个将军的基本要求。

9. 将军的成长之路

提到将军，无数人脑海里第一个印象，恐怕就是横刀阵前、万军簇拥、金戈铁马、热血沸腾的战争场面。

其实，历史上的名将们，他们的形象更可能是这样的：在昏暗的帐篷里，对着舆图苦着个脸。粮食还够吃几天？明天会不会下雨？开会的时候谁谁脸色不对，还能让他上阵吗？这些看上去非常琐碎的破事，都属于兵法上常说的"庙算"。一个军事工作者，到了将军这个级别，最重要的工作就是思考，也就是所谓的人形计算机。

古往今来，担任过将军的人不知道有多少，为什么能被后人顶礼膜拜的就只有那么几个名将呢？那是因为这条路，实在不好走呀！抛开那种生下来就是将军的天才，大部分还是从最基层干起来的。

假如你是汉朝关东地区一个普通的农家小伙，今年满 20 岁了。汉朝实行的是普遍义务兵役制，按照法律规定，你必须服兵役了。首先你要到所在的郡县接受一年的军事训练，根据地域不同分配到不同的部队。如果你在平原地区，那大概率要当个步兵，这个叫正卒。

正卒期满之后，接下来就是为期一年的戍卒。具体是到京城长安还是到边疆，看个人在部队的表现情况和当年的朝廷需求而定。边疆就比较苦了，但是朝廷也比较重视，有随军大夫，吃的饭，穿的衣服、鞋袜也都由朝廷供应。除了要巡逻，要种粮种菜，还得识字，学习文化知识，背诵规章制度。如果熬得住，一年之后大概率就能安全回家。剩下的就是每年一个月的地方徭役，直到 56 岁。

突然某一天，战争说来就来了，朝廷要把所有的预备役都武装起来。一场战斗过后，你被第一次热血浇头的体验刺激得喘不过气来，但还是要扛起你的长戟，跟上部队的行进步伐。恐惧，就是小兵阶段的你首先需要克服的。

现在你是个什长了，以前你管好自己就行，从现在起你要为这十几个人操心。等当上了军候，你手下有几百人。从前你只要对抗几个敌人，现在对面有几百人想过来砍你。当小兵的时候，有了疑问就找上级，现在你就是上级，底下有几百人在等着你拿主意。打仗不是斗殴，大家嗷嗷叫着冲到一起互相砍，那是流氓打架。

混战是任何一支军队都要尽可能避免的事情，你要做的就是让大家在战斗中保持稳定，同时让敌人混乱起来。犹豫可能败北，果断可能白给，那你该咋办呢？

算你战术学得快，人又机灵，现在你是个将军了，有参谋团队也就是幕府来替你处理琐碎杂事。但是要考虑全局的，要最后做决定的还是你。

军队人数增加了三倍，战斗力增加多少不好说，但麻烦可能一下子增加了三十倍。如何让手下的人都发挥作用，就是你需要思考的事情。

斥候传来的消息是不是真的？

怎么安排部队的交战顺序？

如何在行动的时候保持阵形不乱？

遇到了强敌怎么坚守？

战斗胜利了怎么追击？

军心不稳怎么办？

遇到天灾怎么办？

…………

到了这个等级，你的主要工作就是处理各种信息，然后找到唯一正确的应对方式。只要错一步，就是失败和毁灭。谁也无法告诉你该怎么办，你必须独自从茫茫的迷雾里，为你的部队寻找生存和胜利的出路。孤独，就是这个阶段你需要克服的。

经过层层考验，现在你已经是军队的高级统帅，进入国家最高领导层了。对军队你只需要进行战略性的指挥，更多情况下，你需要考虑的是政治层面的影响。到了这个时候，国家的命运就掌握在你的手里。

这种情况，会让朝廷或者说皇帝本人，也开始对你产生恐惧。如果你的想法和皇帝比较合拍那还好，总是有方法解决这种矛盾的；如果你的想法和皇帝的正好相反，则有性命之忧。

所以，同样出身低微、战功卓著，同样爱兵如子、不贪财、不好色，同样谦逊谨慎、一心只想报效国家，卫青遇到了刘彻能纵横万里，创造不朽的功业，最后得以善终；岳飞遇到了赵官家，便是十年之功废于一旦，最后被冤杀在风波亭，终年39岁。

这就是成为名将之路，你能走到第几步呢？

龙城之战卫青抓住机会一战成名，汉朝随即以卫青为统帅，发动了一系列对匈奴的进攻。这就是四次漠南之战。

第十三章

卫青四征漠南，霍去病两战河西

龙城之战以后，汉匈之间的摩擦、战争明显增多，平均过个大半年双方就要较量一下，有时候半年要打两场。

汉朝的总体作战思路非常简单明了：先解除匈奴对首都的威胁，然后再斩断匈奴的臂膀，最后集中兵力直捣腹心，永绝后患。

拉开这一系列战役序幕的是一次报复行动。

1. 第一次漠南之战

元朔元年，公元前128年，这一年刘彻28岁。

秋天，两万匈奴人攻入汉朝，先后抢掠了辽西郡、渔阳郡和雁门郡。也就是现在的辽宁西部、河北和山西的北部。到了冬天，卫青率领三万骑兵从雁门郡出发，将军李息从代郡出发，对匈奴实施反击。

这次进攻的路线，就是前一年公孙敖和李广失败的进军路线。具体作战过程没有记载，总之卫青所部"斩首虏数千人"。匈奴实施有组织犯罪却不受惩罚的时代，一去不复返了。

2. 第二次漠南之战

元朔二年，公元前 127 年，匈奴再次入侵，进攻渔阳郡和上谷郡。

匈奴这两年发动进攻的都是左贤王部，不知道是不是想洗刷龙城之战的耻辱。而汉军的进攻矛头却每次都避开左贤王部，只用边防军顶住匈奴人的进攻，然后从其他方向打开突破口。

春天的时候，卫青和李息将部队转移到云中郡，然后突然向西进攻，发动河南之战，闪击河套地区的楼烦王部和白羊王部。

阴山从北部把河套地区和单于本部隔开，贺兰山和黄河从西部把河套地区和右贤王部隔开，让河套地区成了孤悬在外的突出部。汉军沿着阴山南麓往西打，到达高阙塞，也就是现在的内蒙古巴彦淖尔市乌拉特后旗地区。然后掉头向南，再沿着黄河进攻银川盆地，在打穿整个宁夏地区之后，返回汉朝的陇西郡。

此战将楼烦王部和白羊王部全部驱赶出河套地区，俘斩 6011 人，缴获几十万头牲畜，夺回了黄河整个"几"字形的地区，从此解除了匈奴对长安的威胁。

刘彻非常兴奋，专门下诏书把战果公布天下，同时在河套新建朔方郡和五原郡。战后，卫青被封为长平侯，卫青的部下，校尉张次公和苏建也被封侯。苏建就是苏武的父亲。到了夏天，汉朝征募十万内地百姓移民河套地区，开始逐步恢复秦朝在河套地区的疆域。

3. 第三次漠南之战

　　元朔三年，公元前 126 年，军臣单于病死，他的弟弟——左谷蠡王伊稚斜打败了军臣单于的儿子于单，自立为单于。于单只好向汉朝投降，几个月后病死在长安。也就是在这一年，趁着匈奴内乱，出使西域已经十三年的张骞返回了汉朝。

　　攻占河套算是一个阶段性胜利，汉朝确立了自己的战略优势。关于下一步的国家战略，丞相公孙弘提出了反对意见，他以"无用之地"为理由，请求放弃朔方郡。刘彻让内朝的朱买臣等人与公孙弘进行辩论，朱买臣提出的十个问题，公孙弘一个也答不上来。作为妥协，也为了能更好地集中力量，刘彻暂停了对西南夷的开拓，把全部力量投入河套的建设，他派苏建负责工程建设。

　　新建朔方郡和五原郡，并不是建立一座城池就行了，还要同时修建配套的堡垒、关隘、县城等，上马土地改造、水利建设、道路建设等民生工程。等于是把一个内地的郡，完整地搬迁到河套地区，这一系列工程还都有时间限制，必须在尽可能短的时间内完成。因为匈奴人就在周边看着，他们是不会轻易放弃河套地区的。

　　到了公元前 125 年的夏天，匈奴人组织了九万骑兵，兵分三路分别对代郡、定襄郡和上郡发动反击。其中两支部队在代郡和定襄郡一带牵制汉朝主力，另一支部队则大胆深入，越过黄河进攻上郡。

　　上郡大致是现在的陕北地区，匈奴企图截断秦直道和黄河水运，切断内地和朔方郡的联系。同时匈奴右贤王部也从西部袭扰河套，希望能左右配合夺回河南地，汉朝在损失了几千人之后顶住了进攻。

　　到了第二年，公元前 124 年，汉朝立刻开始反击。卫青亲自率领三万骑兵从高阙塞出发，游击将军苏建、强弩将军李沮、骑将军公孙贺、轻车将军李蔡一起从朔方郡出发跟随卫青前进，同时大行令李息、岸头侯张次公从右北平郡出发，牵制匈奴左贤王部。

卫青出塞之后，向西北急行军六百多里，在大漠的边缘找到了匈奴右贤王王庭，也就是现在的蒙古国南戈壁省的巴音布拉格地区。这个地方现在距离中蒙边境只有一百公里左右。右贤王以为自己离朔方郡很远，对汉军没有防备。

趁着蒙古大戈壁的夜色，汉军顺利包围了右贤王王庭。进攻发起之后，已经喝得大醉的右贤王只来得及带着几百骑兵突围而出。轻骑校尉郭成带着轻骑兵追杀了几百里，直到右贤王逃进了夫羊句山（今蒙古国南部南戈壁省布勒干一带）才返回。虽然没抓到右贤王，但是沿路俘虏了十几个裨王。

这次战役汉军俘虏了一万五千多人，缴获了一百多万头牲畜，一下子打断了右贤王部的脊梁骨。

右贤王部的大败，让匈奴本部失去了和河西走廊的直接联系。丧失了大后方的河西各部族立刻陷入了动荡，为下一步汉朝夺取河西走廊创造了条件。

4. 第四次漠南之战

卫青率军返回之后，刘彻派出的使者已经在高阙塞等着他们了。参战将领中，卫青被加封为大将军，其他将军和校尉有七个人被封侯，三个人被封为关内侯。

但是，经过这么多场胜利之后，意外还是出现了。

由右将军苏建和前将军赵信共同指挥的三千人马，遭遇了匈奴单于本部主力。前将军赵信原来是匈奴人，因为不满单于的欺压投降到汉朝。现在看战事不利，便在单于的诱惑下带着自己的八百匈奴骑兵，重新投降了单于。内部瓦解之后，汉军再也支持不住，全军崩溃了，苏建只身一人逃了回来。

自从领军作战以来，出身低微的卫青从来没有临阵诛杀过军校，也从未通过诛杀自己人来树立在军队里的个人威信。这一次虽然造成了重大损失，卫青还是决定把苏建交给刘彻，让朝廷和国法来裁决。了解实情后的刘彻最终赦免了苏建。

苏建部全军覆没之后，卫青选择了撤军，全军退回边塞驻扎。至此，汉朝战略进攻的第一阶段结束。

在这个阶段，汉朝永久性地夺回了河套地区。从此之后，能不能占据河套，就成了王朝国力强弱的晴雨表。经过汉朝的连续打击，光是有明确历史记录的，匈奴就损失了至少四万人和差不多两百万头牲畜。河套、阴山和长城，终于将汉朝的北方国防线变成了一个整体。

在此期间，不管是偷袭战，还是骚扰战，不管是突袭深入，还是以逸待劳，匈奴尝试过的所有战术，都失败了。赵信投降匈奴之后，这个了解汉军内情的人，为匈奴单于制定了有针对性的应对计划。计划也简单，就是一个字：躲。

为了争取时间弥补人口和牲畜的损失，同时为了躲避汉军的进攻，匈奴人开始全面向漠北地区收缩。到此为止，实际上漠南已无王庭了。随着匈奴人主动脱离接触，汉匈在北方的战事暂时停止。

俗话说，东方不亮西方亮。汉朝在北边找不到匈奴人了，转头就开始向西，拉开了轰轰烈烈的河西之战。

5. 冠军侯霍去病

在匈奴觉得卫青已经很难对付的时候，一个比卫青更难对付的人出现了。他就是冠军侯霍去病。

霍去病和卫青一样，也是一个私生子。有意思的是，他们父辈的行为都发生在平阳侯府。霍去病的老爸叫霍仲孺，和卫青的老爸郑季一样，也在平阳侯府里当办事员。这个平阳就是现在的山西临汾地区。

老郑私通的是平阳侯侍妾卫氏，卫氏生了两个女儿：卫少儿和卫子夫。卫子夫进宫了，而卫少儿就和老霍偷偷好上了，生下了霍去病。老霍见事大了就跑了，卫少儿后来嫁给了詹事陈掌。顺便提一句，老霍后来娶妻，还生了一个儿子——大名鼎鼎的霍光。

霍去病长大了才知道自己的身世。他先跟在刘彻身边担任侍中，然后在 18 岁这一年被任命为校尉，跟随已经是大将军的卫青参与漠南之战。在向边境进发的过程中经过平阳县，霍去病主动和老爸相认，还给老爸置办了很多产业。等漠南之战打完，霍去病回来路过平阳时，把霍光带到了长安，霍光便开始了他的传奇一生。

霍去病在宫廷贵胄中长大，跟着汉武帝这样的人生活，让他养成了和舅舅卫青完全不同的性格和思维方式。

18 岁的霍去病以剽姚校尉的身份，跟随卫青参加了第四次漠南之战。根据刘彻的要求，卫青特地挑选了八百精锐骑兵交给霍去病。霍去病一上战场，立刻就嗨起来了。他率领八百骑兵把大部队甩开几百里，一头扎进匈奴的大后方。

漠南之战中霍去病的战果是：俘斩 2028 人，俘虏了匈奴的相国、当户这样的高级官员，还活捉了单于的叔叔罗姑，杀死了单于爷爷辈的藉若侯。霍去病用八百人，取得了两次漠南之战十分之一的战果，因为个人战功全军最高，所以被封为冠军侯。他的食邑冠军侯国就是现在的河南省邓州市张村镇冠军村。

这是霍去病 18 岁的时候取得的成就，而且古人讲究虚岁，也就是说实际上只有 17 岁。如今 17 岁的少年，大概率在上高二吧。

公元前 122 年，这一年汉朝没有进攻匈奴，而是在处理一桩家务事，这就是淮南王谋反案。这个咱们之后再专门说。

6. 第一次河西之战

到了公元前 121 年的春天，霍去病被封为骠骑将军，率领一万骑兵独自发动了第一次河西之战。河西走廊是一条西北—东南走向的山谷地带。它的南边是青藏高原的祁连山，北边是蒙古高原的巴丹吉林沙漠，中间是狭长的平原地带。从青藏高原流下来的一条条河流穿过平原，流进蒙古高原的沙漠里，在四周恶劣环境的包围下，形成了一片水草丰美的宜居地带。

蒙古高原的胡人，青藏高原的羌人，甚至更远处的塞种人，无数民族和部落，混居在这条东西交通大动脉上。匈奴占领河西走廊之后，把很多小部落都纳入了自己的体系之中，成为匈奴人的右臂。霍去病从陇西郡出发，渡过黄河，然后沿着庄浪河谷北上，再沿着古浪河绕过匈奴人防守的乌鞘岭，突入石羊河流域的休屠王部核心地区。汉军一刻也不停留继续西进，翻越横亘在河西走廊中部的焉支山，进入弱水流域，也就是现在的黑河地区。在皋兰山，也就是现在的张掖市合黎山地区，与浑邪王部展开短兵相接的对攻战。在付出了减员 70% 的代价之后，成功击败了匈奴人。

这一战，霍去病急行军六天六夜，转战一千多里，连续击败了匈奴五个部族，俘斩 8960 人。本年霍去病 20 岁。

此战，霍去病创造了汉军远征距离的纪录。然而，只过了两个月，霍去病再次打破了这个纪录。这就是第二次河西之战。

7. 第二次河西之战

河西的匈奴部族，从来没有受到过攻击，这次突然就被打蒙了。他们开始将兵力集中到河西走廊南部进行防御。针对这个情况，霍去病选择进行一次大迂回作战。你不是防守南边吗？那我就从北边端你的屁股。

此次战役，原定公孙敖负责从南往北进攻河西，霍去病自己带部队进行迂回作战，两支部队一起从北地郡出发，约定在河西走廊中部会合，一次性围歼河西的所有匈奴部族。可惜公孙敖没有按时会合，霍去病只好独自带队完成了任务。

同时，为了保障霍去病部队的侧翼安全，李广和张骞从右北平郡主动北上进攻，牵制匈奴主力。他们最后被匈奴左贤王围攻，双方打了个平手。

霍去病从北地郡出发，在朔方郡渡过黄河，沿着现在的临哈铁路，到达居延海（今内蒙古额济纳旗），然后转向西南，越过七百里巴丹吉林沙漠，从甘肃北部攻入河西走廊。

汉军首先扫荡了东到酒泉、西到敦煌、南到祁连山、北到大漠这一万多平方公里的地区，然后掉头向南从背后突袭了浑邪王部，再打穿整个河西走廊回到陇西郡。这一战汉军迂回行军两千多里，连俘虏带斩首一共 32700 人，自身减员 30%。俘虏了 5 个匈奴小王及小王的母亲、儿子，单于的老婆等 59 人，相国、将军、当户、都尉等 63 人。

这一战直接打垮了匈奴人的作战信心。连续的失败，让匈奴内部原本就不紧密的民族关系开始瓦解。损失惨重的休屠王和浑邪王不断受到单于的责难，他们害怕被单于诛杀，便一起选择向汉朝投降。

投降的休屠王部和浑邪王部被汉朝分成五个属国，分别安置在西北边地的五个郡。经过这次大战，南到兰州，北到居延海，东到朔方，西到罗布泊，除了偶尔的几个匈奴侦察兵，再也见不到敌对的匈奴人了，到西域的道路畅通无阻了。解决了河西地区的匈奴势力，西北地区国防压力骤减，汉朝不仅将边郡的戍卒数量减少了一半，还立刻开始向这些地区移民。

起初，汉朝在河西走廊设立了两个郡：北部是酒泉郡，南部是武威郡。随着后来内地移民的增加和经济的发展，以及开拓西域的需要，又在酒泉郡的西部分割出敦煌郡，在东部分割出张掖郡，形成了后来的河西四郡的格局。内迁的匈奴浑邪王部后来逐步融合进休屠王部，在漫长的历史中一直活动在陕甘宁地区。之后休屠王部变成了屠各部，后来又融合进了鲜卑族，发展成鲜卑独孤部，是独孤这个姓氏的主要来源之一。

解除了匈奴对首都长安的威胁，打残了匈奴的手臂，接下来就该跟匈奴决战了。

第十四章

漠北决战

经过连续几次打击之后，匈奴的实力明显衰弱了，汉朝决定对匈奴展开决战。经过公元前 120 年一整年的准备，到了公元前 119 年，汉武帝元狩四年的春天，汉朝集中主力骑兵部队，兵分两路，准备向北跨过大漠，寻找匈奴主力决战。

大漠在中国史书里是一个出现频率非常高的词。在地理中，大漠指的是东起大兴安岭，西到阿尔泰山，南到阴山，北到肯特山，总面积130 万平方公里的弧形荒漠地带。

大漠的气候非常恶劣，地表水几乎为零，地下水的深度最浅的也在10 米以上。7 月份最高地表气温可达 45℃，1 月份最低气温可达零下40℃，昼夜温差甚至可以超过 50℃。如何在这个地区维持补给，是最大的问题。

1. 战前准备：汉军的物资消耗情况

霍去病可以率领万把人放弃后勤补给，轻装急进，以战养战，维持进军速度。但是要想和匈奴主力进行决战，无论如何兵力都不能太少，必须有可靠的辎重部队跟随前进。

本次战役汉朝集中了 10 万名骑兵、10 万匹战马和 14 万匹驮马。抛开随行的几十万步兵和民夫不谈，光是为了这 10 万名骑兵和 10 万匹战马，需要准备的物资就能吓人一跳。

按照《居延汉简》的记录，单个士兵一个月口粮是 3 石 3 斗。只按一个月计算，10 万骑兵就需要大概 2 万吨粮食，战马的消耗起码是士兵的 3 倍。也就是说，每个月至少要为这 10 万骑兵准备 8 万吨物资，能装满 1300 多节火车皮。

汉代平均亩产大约是 3 石，按每年两季作物计算，就是 2 万多亩土地一整年的产出。这是最保守的估计，实际情况不可能这么简单，随行的民夫和步兵，沿路的转运人员，后方的运输人员和驮马也都是要吃饭的。向北进军的过程中，除了部分随军的物资能使用牲畜运输，其他的物资输送，需要靠民夫用肩膀一路挑过去，中间的损耗更是无法计算。

2. 两千年前的总体战

这次漠北战役，汉朝完全是靠国力硬怼匈奴，这就是那个时候的总体战。那个时候虽然没有总体战的说法，但在实际上就是按照总体战的思路准备的。战争是两个部落、民族、国家整体实力的较量。没有德国工人的努力工作，纳粹军队不可能发动闪电战；没有苏联人民的无私奉献，红军也不可能打到柏林。

匈奴进攻汉朝总是选择秋天，因为秋天是战马最膘肥体壮的时候，是汉朝人民辛苦一年开始收获的时候，这个时候才能抢到最多的物资。而汉朝的反击，总是喜欢选择春天。因为春天是匈奴最困难的时候，经过一个冬天，粮食和牧草的储存已经消耗殆尽。青草还没有长出来，牲畜开始发情，是一年中最虚弱的时候。汉军每夺走一只母羊，匈奴就等于失去了一个羊群，并且在几年之内都无法弥补这个损失，至于人口的损失就更加无法弥补了。

3. 作战部署

经过两次河西之战，刘彻对霍去病的能力信任到了迷信的地步。原定的作战计划是大将军卫青从代郡出发进攻左贤王部，骠骑将军霍去病从定襄郡出发进攻单于本部。后来根据俘虏的情报，说单于在东面，刘彻赶紧又临时把两个人对调了位置。为了让霍去病专心围歼单于，刘彻把最精锐的部队和青年将校都给了他。这些将校的资历太浅，都是只能暂时代理将军的职务，为了不对霍去病的指挥产生掣肘，刘彻干脆连副手都没安排，让霍去病尽情地发挥。

可惜的是，刘彻的这一番安排最终还是失算了。真正撞上单于的，还是大将军卫青。当然，这不是刘彻在这次战役中唯一的失算，另一个失算的地方是李广。

刘彻为了准备这一次举国之战，动员了可以动员的所有力量。除了物资方面尽可能地准备充分，在将领方面也是煞费苦心。敢打敢拼、年轻有冲劲的将校都分给了霍去病。而之前运气不好的、打过败仗的和年纪比较大的将领，全部分给了性格老成持重的卫青。

运气不好的人里头，最著名的就是李广了。在战前，李广反复向刘彻请战，刘彻考虑了很久才同意让他当前将军。为了确保战役必胜，刘彻可以说是考虑到了方方面面。他虽然答应了李广，但是考虑到李广实在是运气不好，又私下跟卫青说：如果真碰到了单于，你别让李广上，他运气不好，万一放跑了单于就不好了。

结果简直是黑色幽默，卫青的西路军还就真的遇到了单于，卫青也没让李广上，但是单于还是没被抓住。

4. 卫青军作战经过

卫青和霍去病分别从定襄郡和代郡出发，卫青越过长城之后就通过俘虏得知了单于的位置，他命令李广带领一支部队，向东绕远路，迂回到单于的背后，两面夹击围歼单于。卫青这么做，除了战术上的需要，也是听从刘彻的安排，同时还有一点小心思。他的好朋友公孙敖，因为河西之战没有完成会合任务，被削掉了侯爵，卫青想让他担任前锋好戴罪立功。李广不知道这里头的情况，非常怨恨卫青的安排，连一句话都没说就带着部队走了。

卫青主力穿过大漠，立刻就遭遇了严阵以待的单于主力。为了应对汉朝的进攻，匈奴坚壁清野，把老弱妇孺和辎重都转移到了后方，单于亲自带着精锐部队迎击汉军。

遭遇战是最考验部队素质和将领指挥能力的。卫青先采取稳妥的战术，用车辆围绕营地构筑工事，防止部队被匈奴骑兵冲散；同时派出五千骑兵去和匈奴人对峙，干扰匈奴人的进攻部署。然后等待李广军绕到单于的后方，再一起行动，两面夹击。

还没等到李广军，单于就先行动了。他派出一万骑兵去挤压汉军的阵线，就这样僵持到太阳快落山的时候，突然有一场沙尘暴经过，覆盖了战场。这就是偶然性在创造机会了，春季本来就是蒙古高原沙尘暴的多发季节。

就在风沙漫天的时候，卫青果断派出部队，趁着暮色，从左右两翼合围单于主力。合围刚刚完成，单于就怂了，他自己骑着骡子，带着几百个近卫骑兵向西北突围而去。突围行动非常隐蔽，不仅汉军没有发现，就连匈奴人也大多没有察觉。

完成包围之后，汉军立刻发动了进攻，就在昏暗的飞沙走石的蒙古高原上，两军展开了混战，一时间相持不下，谁也吃不掉谁。

等汉军左校尉抓住了一个俘虏一问，这才知道单于已经跑了。卫青赶紧命令轻骑兵尾随追击，自己率领大部队随后跟上。就这样，汉军放弃了围歼单于主力部队的机会。汉军撤围之后，匈奴军立刻就溃散了。

汉军用一个晚上追赶了两百多里，但还是没能追上单于。天亮之后，汉军继续追击，攻占了燕然山山脚下的赵信城。燕然山就是今天蒙古国的杭爱山，赵信城也就是今天蒙古国的车车尔格勒。赵信城是匈奴为投降的赵信修建的城池，在本次战役中作为匈奴的辎重基地使用。汉军追到这里，跟丢了单于的踪迹。因为单于主力没有被全歼，为了避免孤军深入的危险，汉军在赵信城休整了一天，用匈奴人留下的物资好好地给全军开了一场庆功宴，然后放火焚烧了所有带不走的辎重，全军沿原路后撤回朝。

在撤过漠南之后，终于碰到了李广军。原来李广军因为缺乏向导，从分兵之后就迷路了，没能越过大漠，一直在漠南待着，等着主力部队回来。卫青派长史过来问责，长史将矛头指向李广的幕府，让他们写供状交代问题。李广站出来承担了全部责任，这位一生都在和匈奴作战的老将军，怀着满腔的愤恨和羞恼自杀了。

西路军的作战结束了，没有达到预期的战役目标。

5. 霍去病军作战经过

东路军从代郡出发不久就知道上天开了一个玩笑，单于并不在自己的前面。霍去病只好将攻击矛头调整为左贤王部，只有取得更大的战果，才能抵得上无法活捉单于的遗憾。

当时左贤王部正掩护着匈奴本部的留守人员和辎重退守后方，霍去病大体沿着现在的中蒙铁路一路向北挺进，渡过今天的克鲁伦河，在梼余山，也就是今天的巴彦乌拉山和左贤王部遭遇。

这一战霍去病打出了汉匈开战以来最大规模的一次围歼战。东路军几乎全歼了左贤王部，然后继续向北进攻，去扫荡匈奴的大后方。最终在狼居胥山祭祀了上天，在姑衍山祭祀了大地。霍去病登上高山，眺望了一望无际的蒙古草原。这是农耕民族第一次从北向南，俯瞰这个地方。狼居胥山和姑衍山，分别是今蒙古国的扎卢丘特山和博格达山。霍去病此行，最远跑到了瀚海，关于瀚海的位置，历来都是有争议的，主要有贝加尔湖和蒙古大戈壁两种说法。

如果是贝加尔湖，那汉军的进军里程就超过了各种史书记载的2000里。汉代的里，合现在的400多米。2000里大约相当于现在的900公里。刚好是现在从呼和浩特到乌兰巴托的直线距离。

如果是大戈壁，这个在汉代有专门的称呼：大幕。考虑到海还有荒芜和浩渺的意思，再加上汉军的进军里程，则霍去病当年登上狼居胥山，放眼眺望的很有可能就是蒙古大草原。

最后东路军的战果是：俘虏了70443人，包括3个王，83个将军、当户和都尉。汉军自己则减员了20%。

6. 战后结局

此战之后，匈奴再也不能对汉朝构成威胁。整个东蒙古草原上的匈奴人被汉军一扫而空，原先受匈奴压迫的鲜卑和乌桓部落开始趁机挤占匈奴人的领地。遭受惨重损失的匈奴人，开始逐步向西迁徙，寻找新的发展空间，伴随着挺进西域的汉军，双方又在西域开始了新一轮的较量。

汉朝方面，损失也十分大，光是出征的几十万匹马，回来的只有不到三万匹，这也导致在之后相当长的一段时间里，都难以组织大规模的骑兵作战。也因此酿成了很多悲剧事件，比如，李陵事件。这事后面会说到。

连续十年的大规模对外战争及边疆建设工程耗光了国家的积蓄，必须歇一歇了。就像刘彻无法预料匈奴单于的位置一样，他也绝对没有想到，漠北大战以后只过了两年，年仅24岁的霍去病便去世了。

世界上就是有这样一种人，他们天生就具备超常的洞察力，他们的一生似乎就是专门为了凸显凡人的平庸，他们突然出现在世界上迸发出耀眼的光辉，然后又突然消失，留给人世间无尽的感叹。

冠军侯霍去病，他在决定汉匈的命运大战前闪亮登场，在取得胜利后遽然仙逝。匈奴未灭无以家为，此等英雄豪情，何不教人仰慕？历史的天空闪烁几颗星，人间一股英雄气，在驰骋纵横。

对冠军侯的死，刘彻非常悲痛。他把霍去病的墓地安排在他自己的陵墓——茂陵的边上。刘彻比霍去病大15岁，他对霍去病的态度，不像是皇帝对臣下，更像是父亲对儿子。怕他远征吃不好，就专门派人跟随军队前进照顾他；怕老将军不听他的话，就专门安排年轻人归他指挥。就算是亲儿子，大约也只能这样了。就像许多父子一样，刘彻其实是希望霍去病，来完成自己无法亲身去做的事。

霍去病的死对汉朝的政治格局，产生了深远影响，只不过这个影响要到几十年后才能看出来。

"飞鸟尽，良弓藏。"匈奴战败之后，大将军卫青也完成了他的历史使命，从此再也没有上过战场。关于漠北大战以后卫青的历史记录只有一句话："自大将军围单于之后，十四年而卒。"

7. 中国人的民族使命

每个人都有一些使命需要去完成，这不是什么命运的安排，而是身处历史波涛中的历史自觉性。刘彻没有因为卫青出身低微，就忽视了卫青的才能，也没有因为霍去病年龄小就埋没了这个天才。而卫青和霍去病也没有辜负这份信任和期待，他们互相成就了对方，然后一起创造了历史。

我们这些活在当下的人，每时每刻都在创造着历史，后来的历史怎么样，取决于我们现在怎么做。

近代这一百多年，我们遭受了人世间可以想象到的一切灾难。

120 多年前，贪婪残暴的八国联军，漂洋过海来到我们的首都，杀戮我们的先人，抢劫我们的财富。

90 多年前更加毫无人性的日本侵略军，企图灭绝我们的种族。

但是，这些都没有毁灭我们。每当遭遇这样的灾难，总有无数我们叫不上名字的人，勇敢地站出来，不顾自己的生活、健康，甚至生命去和这些灾难战斗。从来就没有什么救世主，也不靠神仙皇帝；世间本无所谓命运，你在哪里屈服，哪里就是你的命运。如果一定有一个属于我们的命运，那么这个命运的上面一定写了这么一行字："天行健，君子以自强不息。"

就在漠北大战的这一年，河南郡，也就是现在的河南洛阳，有一个叫卜式的人，请求向官府捐献自己一半的财产。刘彻为此专门派使者去问他为什么这么做。卜式回答说：国家正在反击匈奴，有才能的人应该到边境上拼死作战，有钱的人应该给国家贡献自己的钱财，有牲畜的人应该给国家贡献自己的牲畜。这样，就一定可以消灭匈奴。

一个老百姓主动向官府捐款，能引起刘彻如此的重视，主要还是因为国家实在是缺钱，缺得厉害。为了支持对匈奴的作战，汉武帝刘彻开始对汉朝运作了几十年的财政和货币体系，大刀阔斧地进行改革。

第十五章

中年皇帝的艰难致富路

公元前 119 年，汉武帝元狩四年，汉朝取得漠北之战的胜利。如果非要说汉朝有什么人对这个胜利感到痛苦的话，那大农令郑当时可能就算一个。

大农令也就是之前的治粟内史，属于九卿之一，主管全国的经济工作，财政计划的制订，朝廷预算的审计，赋税的征收，等等。凡是和钱有关的事务，多少都和他们有关系。《史记·平准书》在某种程度上就是这个部门的工作日志。

1. 汉代军费开支情况

战争的胜利，在皇帝和将军们的眼里是光荣时刻，在大农令的眼里则是掏钱的时刻。而把口袋里的钱往外掏，古今中外，都不是一件让人高兴的事，尤其是手头特别紧的时候。

关于西汉由口赋、田赋和更赋构成的年度基础财政收入是多少，有很多说法，总的来看，这个数字维持在 70 亿钱左右。汉武帝时期，随着边疆不断拓展，地盘越来越大，常备军的规模也在不断扩大。据胡宏起《两汉军费问题研究》一文的计算，即使只按 15 万人计算，光是他们的工资、口粮和衣服，每年就要花掉大约 6 亿钱。另外，武器装备也不便宜，一把批量生产的佩剑，要 600 钱以上；一匹战马更是要 20 万钱以上。

抛开这些杂七杂八的费用不谈，就是一场战役打下来的赏赐，那也不是个小数目。漠北之战，卫青的西路军俘斩 19000 多人，汉军士兵获得了总计 20 余万斤黄金的赏赐。也就是说，一个匈奴人头差不多值 10 斤黄金。

汉代的一斤大约是现在的 250 克，等于朝廷为这次战役的赏赐，一口气送出去 50 吨黄金。《汉书·食货志》记载："黄金重一斤，直钱万。"一斤黄金大约能兑换一万钱，也就是说，光是这次赏赐，朝廷就花掉了 20 余亿钱。

也有观点认为，汉代的黄金指的是同等重量的铜钱。如果这 20 万斤真是铜钱，那咱们就可以简单计算一下：币值最稳定的五铢钱，重量大约是 4 克，10 斤只有 600 多个五铢钱。宋太宗时期，砍掉一个契丹人的脑袋，能换 3000 个铜钱。两相比较，似乎不太合理。以上这些还是有记录的，还有很多开支，具体数据现在已经找不到了。比如河套地区的建设费用，物资转运的费用，俘虏人员的安置费用，移民的安置费用，阵亡士兵的抚恤费用，等等。这些开支加在一起，连同时代的司马迁都搞不清到底花了多少钱。所谓大炮一响，黄金万两，说的就是战争对金钱的消耗之快。

除了军费和相关开支之外，更雪上加霜的是，从公元前 138 年开始，每隔几年就要发生一次大面积的自然灾害，雪灾、水灾、旱灾、蝗灾、地震等纷纷出现，动不动就有十几个郡国需要救济，财政支出的规模是越来越大，已经到了把国库都掏空也不够给士兵发工资的地步。

那时候还是金属铸币的时代，没钱了那就是没钱了。没办法如同现代的法定货币一样，靠国家的信用去印钱。到了这种时候，不管是国家、社会还是个人，无非就只有两条路：开源和节流。

对于汉朝和刘彻来说，节流是不可能的，那就只能想办法开源了。最直接的办法就是增税。

2. 财政的窘迫

刘彻首先想到的是车船税。早在龙城之战的时候，刘彻就开始尝试这种新的捞钱方式。根据商人的财力大小，对他们的车辆和船舶征收使用税。

随着战争的规模变大，捞钱的方法越来越多。河南之战卫青夺回了河套，又要建设朔方，又要安置移民，刘彻果断选择开始卖官。从这一年开始，只要你能向朝廷上缴足够数量的羊，你就能当上郎官，从此成为一个有官身的人。这就是所谓的入羊为郎。如果你能把自己家的奴仆送给国家，就能终身免除租赋徭役。到了漠南之战，钱花得更是像流水一样。刘彻发挥聪明才智，创造了"武功爵"制度，开始卖爵位，一共11级，最低17万钱，多给2万就能提高一级。

秦朝的时候，也搞过卖爵位的事情，不过秦朝卖的爵位是一种荣誉头衔。而刘彻的武功爵就不一样了，只要你花的钱足够多，就会有实际的待遇。比如，你花上29万钱买到了第七级，招考"公务员"的时候就优先录取你，犯罪了也可以减刑。

但钱还是不够花，河西之战以后，为了安置投降的胡人部族，中央财政窘迫到了什么地步呢？作为皇帝的刘彻都要省吃俭用，甚至把给自己拉车的马都送出去了。这些人的安置费用，最后还得从刘彻的私房钱里出。

那两年还连续发生自然灾害，为了救济灾民，刘彻把各个郡县的库房都掏空还是不够用。于是，朝廷出面做担保，让商人借钱给灾民。但还是不行，最后只好让这70多万灾民也移民到河套去。为了救济这些灾民，又花了一大笔钱。再加上随后的漠北决战，这下子，中央财政彻底支持不住了。

就在刘彻拿着一把财政赤字表发愁的时候，他环顾四周，发现手底下的人好像个个都比他有钱，比如地方诸侯和工商业主。

3. 汉初混乱的货币政策

汉初是彻底的诸侯经济，中央和地方诸侯各过各的。各诸侯虽然在政治上服从天子，但是在财政上，中央是完全不能指望的。朝廷需要为全国的安危负责，但是能正常交税的却只有一半国土。

诸侯经济最突出的地方就是货币。

从汉朝建立的第一天起，就宣布全国只要是个人，就可以自己造钱。其实，这也是延续了秦朝的货币政策。秦始皇虽然规定了秦王朝货币的规格，但是并没有统一货币的发行权。秦朝的货币是半两，重量是12铢。汉朝的货币也是叫半两，但是法定价值只有3铢，1铢大约等于0.7克。一枚汉朝的半两，重量和5分钱的硬币差不多，就像榆钱一样，又轻又薄。所以，汉初称呼这种钱为荚钱。

西汉朝廷这么做，主要是两方面原因。

首先，外面诸侯势力强大，内部功臣宿将把持朝廷，大家伙都是凑合着过日子。就算下令不允许，那些诸侯也是要自己造钱的。

其次，朝廷弱得不行，连给天子拉车的同色马都凑不齐，更别说开矿铸钱了。所以，汉初干脆放开了对自然资源的垄断。只要你愿意，就可以到山里去挖矿，到海边去煮盐。什么金银矿、铜铁矿，随便你挖。朝廷的意思是，反正不管你们怎么造钱，我通过税收还能拿回来。

就这样，汉朝开始了轰轰烈烈的全民造币运动。货币的面值和实际制造成本之间的差价，就是造币的利润。所以，大家就拼了命地把钱越造越小，越造越轻，以至于出现了只有一铢的荚钱。海量的荚钱，迅速把物价推高到了天际。后来，一石粮食就要一万钱。那个时候还没有"货币宽松"这样高大上的名词，但汉朝人民还是快要被这场"洪水"给淹死了。

到了公元前186年，汉朝中央终于忍不住了，吕后下令把铸币权收归朝廷，然后发行一种八铢的钱。几年后废除八铢，发行四铢的钱。四铢和三铢的荚钱基本无区别，就是面值变大了。同样地，造钱的利润空间也变大了，于是大家造钱的积极性更加高涨。

到了汉文帝时期，朝廷又放弃了铸币权，让大家继续造。但同时开始收紧货币政策，朝廷通过税收，把社会上流通的钱都集中存放起来，不再花出去，让市面上的钱慢慢减少。所谓文景之治，串钱的绳子都烂掉，并不完全是因为皇帝勤俭节约，很大程度是货币政策的结果。

由于社会生产力慢慢恢复，能提供的手工业品和农业产品大量增加，商品的数量和市面上的货币数量终于比较匹配了。双管齐下，才勉强稳定了四铢钱的币值。但是各地造钱以次充好的情况还是不断发生，直到汉武帝发行五铢钱，才彻底解决了货币的问题。

五铢钱的由来，后文再说。这里要先看一下汉初工商业豪强崛起的原因。诸侯王和工商业主拥有大量不能被国家所用的财富。不过，他们的财富来源是不同的。诸侯王的财富来源，是国家制度赋予；工商业主的财富来源就要复杂一些。

4. 汉初工商业豪强崛起的原因

从本质上来说，是汉初的授田制度和"弛山泽之禁"的经济政策，造就了汉朝第一批工商业豪强势力。

汉朝继承了秦朝的授田制度，按照爵位的高低分配土地。最高级别的关内侯，可以分到 90 顷，最低级的庶人，可以分到 1 顷。就算是刑满释放人员和被判了有期徒刑的人，也能分到土地。但是土地总是有肥有瘦的，并不是所有的地方都适合种粮食。也不可能一个地方的可耕地，就刚刚好足够分给所有人。所以当时的法律还有一条规定：如果愿意接受，也可以把不能种地的荒地和山林，折算成可耕地，分给个人。具体的折算比例，现在已经不得而知。但是，如果这个人是有爵位的，那么他就有可能凭借这条法律，轻易获得大面积的山林矿产。随着汉初政策的放宽和社会的稳定，这些人顺利获得了第一桶金。

卓文君的老爸就是这么发达起来的。卓家原来是赵国的冶铁商人。后来秦国灭赵，秦始皇就把这些富户往西部迁移。老卓两口子就推着小车，走了几千里到了蜀郡的葭萌县（今四川广元市）。老卓感觉这个地方生存竞争压力比较大，就主动请求到汶山。他感觉汶山（今汶川县）比较适合做买卖，容易讨生活，就留在了汶山，最后成了富可敌国的大富豪。

工商业主通过不断地扩大再生产规模，促进流通来给自己的产业增值。但是，终究会出现多余的资金没处花的情况。而多余的资金，在西汉时期主要有三种处理方式：窖藏、购买土地、放高利贷。后两种，都会对自耕农产生冲击。

授田制只负责给你分配土地，至于你是把土地卖了还是送人，那都是不管的。后来，工商业主、大地主、地方官吏和有活力的民间组织等势力互相结合，使用包括暴力和高利贷在内的手段，大量兼并自耕农的土地，迫使农民成为流民，最后让这些原本属于国家的自由民，成为他们的私人奴仆。随着经济实力的进一步增强，这个过程的规模更加扩大。这些人凭借经济实力造成的社会影响力，已经发展到了威胁现有政治秩序的地步。

最让中央和刘彻不能忍的是，在中央财政开始入不敷出的时候，不管是地方诸侯还是工商业主，没有一个人主动出头帮助国家。前文说过，刘彻对主动向朝廷捐款的卜式那么重视，目的就是树立一个榜样。结果，不管是对西北的战争还是对南方的战争，地方诸侯和工商业主一个捧场出钱的都没有。

5. 硬核的财政改革

刘彻心想，既然你们不主动，那只好我主动了。刘彻决定先对诸侯王下手。就在漠北之战的这一年，他推出了大名鼎鼎的白鹿币。

白鹿币不可流通，不可兑换。这是一种用鹿皮做成的镶边的垫子，大概一尺见方。在汉代，诸侯、宗室在朝觐皇帝的时候，需要进献白璧。现在刘彻规定，以后再进献的时候，必须把白璧放在白鹿币上面，否则就是大不敬。白鹿币只有我这里有，也不贵，一块也就40万钱。操作也简单，你们在进献白璧之前，现场拿钱兑换就行。

你以为这就完了？想得美！得罪了皇上，你还想好？

汉朝有一个制度叫酎金，每年的八月份要在长安的太庙里祭祀汉高祖刘邦，在祭祀完之后就是开宴会，大家一起吃吃喝喝。在宴会上要喝一种酎酒，喝酒的时候诸侯们要给太庙贡献黄金。具体的分摊原则根据诸侯封地的人口数量来定，每一千人要黄金 4 两。诸侯们来凑份子的时候，有专人在旁边看着，检查黄金的成色和分量。如果有问题，就得受罚。

公元前 112 年，也就是汉军进攻南越的这一年，祭祀时间又到了。中央按惯例去检查诸侯们的酎金成色。随后，以成色不好和重量不足为由，一口气处罚了 106 个诸侯，剥夺了他们的爵位，把他们的封地收归国有。这就是著名的酎金夺爵事件。本来被推恩令折腾得已经势力大衰的诸侯们，这次更是被血洗了一遍。原来被推恩令创造出的一大批诸侯，一下子就被清零了。刘彻通过这个方式狠狠地宰了地方诸侯一刀。

在针对诸侯的白鹿币推行之后不久，针对工商业主的财政手段也开始实施：告缗令。

在元狩四年（公元前 119 年），也就是漠北大战的同一年，面对濒临崩溃的财政，刘彻推出了算缗制度，规定无论有没有商人户籍，只要有工商业行为，都要按照实际拥有的财产来征税。其中针对高利贷者和纯粹从事商品流通的商人，税率是 6%；工场主，税率是 3%。

为了应对必然产生的逃税行为，元鼎三年（公元前 114 年），朝廷又推出告缗制度，鼓励大家举报商人的真实财产情况，只要举报属实，就要没收这个商人的全部财产，商人还得到边疆充军一年，而举报人可以获得这个商人的一半财产。更狠的是，有商人户籍的人和他们的家属，不准参与授田，国家不再给他们分配土地。如果参与了，土地和奴仆都要没收。

告缗令原本只是针对工商阶层的，但是政令涵盖的范围推着推着就逐步扩大，到最后已经演变成了一种无差别的基础税种，一种类似于个人所得税的东西。不管你是不是搞商业活动，只要资产达到一定水平都要按算缗制度纳税，否则都要被告缗令处罚。

结果就是，中产以上的工商业主几乎全部破产，除了银钱之外，还没收了成千上万的土地、庄园和奴仆。在短时间内，把高利贷群体一扫而空。

刘彻通过这种行政手段，强制进行了社会财富的再分配。在增加财政收入的同时，延缓了土地兼并的速度和地方豪强的形成。

6. 盐铁专卖

到此，刘彻和朝廷已经意识到，靠一时的行政手段固然能增加财政收入，但是要想一劳永逸地掌握对国家经济的控制权，必须建立由国家控制的主导产业才行。他们把盐和铁选定为目标，这就是盐铁专卖。

盐和铁不仅属于生产生活绝对不能缺少的战略物资，而且都是消耗品，每一个人都需要。这两种商品能流通到社会的方方面面，而且它们的生产还都有一定的技术门槛或者地域的限制。总之不是谁都能干，天然地就有垄断性，控制它们就能在经济上影响所有人。

于是在漠北之战的这一年，刘彻推出了盐铁专卖政策，任命东郭咸阳和孔仅负责政策的推行。从这一年开始，所有盐和铁的生产和销售，只能由朝廷负责，在盐铁的产地设置专门的官署来开展生产工作。除此之外，都属于违法。

7. 统一货币

要想顺利地运作盐铁专卖政策，就必须保证货币的稳定，这样才能稳定盐铁的价格。在通过各种手段度过了财政危机之后，公元前115年，汉朝宣布铸币权收归国有，同时收回的还有矿山的开采权。

各个郡国现存的铜钱，全部熔化成铜料，送到朝廷去。同时在长安的上林苑设立中央造币厂，由水衡都尉下属的三官负责造币工作。三官也就是钟官、辨铜、技巧。钟官负责熔铸，辨铜负责铜料准备，技巧负责模具。所以新钱也被称为三官钱。

经过汉初半个多世纪的反复尝试，先是对12铢的秦半两不断减重，再是使用重4铢的钱，到汉武帝时期，终于确立了五铢钱作为法定货币的地位。从材质上说，五铢钱使用最好的铜料熔铸；在外观上，使用外廓和内廓双重设计，并且对货币进行抛光处理。在含铜量上选择五铢作为标准重量，五铢大约重4克。古希腊货币德拉克马和古罗马货币德纳留斯，也是通过不断减重，最终稳定在了4克左右。

如果私人伪造的五铢钱质量差，那就没人用；如果和五铢钱的质量一样好，那就没有利润。所以五铢钱发行之后，平民和地方不再有私造货币的可能性，成功实现了良币驱逐劣币。从汉武帝时期到隋唐，五铢钱作为价值最稳定的货币，通行了700年，比汉朝的历史长多了。

五铢钱是如此有名，甚至成了汉家江山的象征。800年后的刘禹锡还在他的《蜀先主庙》中说"势分三足鼎，业复五铢钱"。

通过一系列的税收和货币政策，再加上使用均输平准法，对全国的物资进行宏观调配，汉朝建立起我国古代第一套成熟的经济管理体系，有些运作原则到今天还在用。刘彻和朝廷成功获取了对全国经济的控制权，不仅顺利度过了财政危机，还沉重打击了地方实力派。而地方实力派，比如诸侯王，他们也不完全是坐以待毙，反抗活动也在偷偷酝酿。

这就是后来有名的淮南王和衡山王谋反案。

第十六章

两王谋反——一场几万人陪葬的惨剧、闹剧

说起推恩令，就不能不提到淮南王和衡山王的谋反案。这起谋反事件，也算是推恩令的直接后果之一。而要弄清楚淮南王和衡山王最早的谋反动机，就要从一场一夜情说起。

1. 淮南王的家族史

公元前 200 年，刘邦在攻打山西北部的韩王信的时候，被匈奴人围困，好不容易才跑出来。这就是白登之围。到了第二年，刘邦又亲自领军攻击韩王信的余党，在路过东垣县的时候住了一晚。东垣县也就是后来的真定，现在的石家庄。当时这里属于赵国，赵王张敖是刘邦的女婿，他把自己的美人赵姬送去侍奉刘邦。等刘邦走了之后，赵姬发现自己怀孕了，赵王就单独给赵姬修建了住的地方。

那一年发生了一起谋反未遂事件。赵国的相国贯高企图劫持刘邦，因为刘邦临时改变行程才没有得逞。到了公元前 198 年，事情还是被朝廷知道了。赵王全家被逮捕，关押到河内郡，河内郡的郡府就在现在的河南省焦作市武陟县。

赵姬就跟看守的狱吏说了自己怀孕的事。河内郡上报之后，刘邦

正在气头上，就没搭理。后来赵姬在生下一个男孩之后，怀着满腔的恼恨，自杀了。

刘邦听说了也有点后悔，就让吕后照顾这个男孩，还给男孩取名叫刘长。这就是淮南王刘安的老爸，故事就是从这里开始的。

刘长因为幼年丧母，实际上是被吕后养大的。他从小就和汉惠帝刘盈关系特别好，也因为如此，汉初的众多风风雨雨都躲过去了。公元前196年，在刘长两岁的时候，刘邦消灭了淮南王英布，然后就册立刘长为淮南王。淮南国地方很大，占有四个郡，分别是九江郡、衡山郡、庐江郡和豫章郡，大致就是现在安徽的江淮地区、鄂豫皖三省交界的大别山地区和江西省。

因为年纪小，在汉惠帝驾崩到汉文帝继位期间发生的一系列的朝局动荡都没有对刘长造成影响。刘长长大之后，为人特别骄横，加上勇力过人，据说力能扛鼎，所以谁都瞧不起。到了汉文帝时期，公元前177年，刘长到长安朝觐天子，就敢直接称呼汉文帝"大哥"，他回去之后就更加骄横跋扈了，直接自己制定法律，使用起天子的仪仗。

公元前174年，刘长不知道咋想的，组织了70个人，制造了40辆大车，在长安附近的谷口县企图谋反。同时还派遣使者联络匈奴人和闽越人一起行动。谷口县也就是今天咸阳市礼泉县的湾里村，相传这里是黄帝升仙的地方，不知道刘长选这里是不是有什么特别的用意。黄帝是不是真的从这里升仙了，没人知道，但刘长确实是因为在这个地方发生的这件事离开人间的。

毕竟是谋反案，朝廷就不能再装看不见了，再加上刘长这么多年以来犯法的地方实在太多。朝廷大臣想让他去死的呼声很高，汉文帝只好剥夺了刘长的王爵，把他装到囚车里打发到蜀郡去。

一贯心高气傲的刘长，感觉受不了这份屈辱，就跟仆人说：谁说你老子我勇猛来着？都这样了，还能怎么勇猛？然后就绝食自杀了。他死了还不算完，汉文帝以没有照顾好刘长为理由，把沿途各郡县的相关负责人，全给处死了。刘长等于是拉了一大批人给自己陪葬。

这一年，刘长 24 岁。刘长死了，留下了四个儿子。除了过早去世的小儿子，剩下的三个后来都被封了王。汉文帝把原来的淮南国重新拆分：九江郡给了大儿子刘安，封为淮南王；衡山郡给了二儿子刘勃，封为衡山王；庐江郡给了三儿子刘赐，封为庐江王。（其后刘勃和刘赐对调了封国）

2. 汉代郡国并行体制的由来

汉代的诸侯王国，从汉朝建立的第一天开始，到汉武帝时期，总体上是处于一种权力不断缩水的状态。

西汉的建立是众多割据势力妥协的结果。当初为了尽快结束战争，刘邦通过割地封王组织起了反项羽同盟。在把项羽消灭之后，又通过各个击破的方式，把异姓诸侯王逐步消灭，换成姓刘的去当王。

在消灭异姓王之后，刘邦没有趁机消灭诸侯国，完全恢复秦朝的郡县制，主要是两个原因：首先是现实的需要，其次是对历史的总结。

咱们先看现实的需要。

楚汉战争结束之后，中央的实力也很虚弱，所以对原来的关东六国地区，不得不进行委托统治，以求暂时稳定住局面，说白了也就是羁縻政策。而委托统治的最高形式，那就是封邦建国了。同时，在战争中被动员起来的，跟着刘邦打天下的各种豪杰和乡土势力，也需要对他们进行妥善的处理。中央是塞得满满当当的，那就只能就地安置了。

汉初的诸侯国，就是一个缩小版的大汉朝廷，该有的配置一个不少。中央的三公是丞相、太尉和御史大夫；诸侯国是国相、内史和中尉。除了国相由中央派遣之外，其他所有的官吏由诸侯王自己安排。在实际运作中，国相基本不参与诸侯国的管理。具体的管理工作由内史负责，国相主要负责对诸侯王的监视。

在诸侯国里，诸侯王就是实际上的一把手，任用国内的地方势力组建自己的政府。对汉朝中央来说，虽然稳定住地方的代价，是这个地方脱离了中央的直接控制，但至少诸侯王还姓刘啊，就先这么着吧。

下面再说一下对历史的总结。

周朝实行分封制，最后诸侯并起，消灭了周室。秦朝总结经验，实行完全的郡县制，结果亡国更快。汉朝总结以上两个朝代的经验，决定折中，确立了郡县和封国并行的体制。既让天子拥有对诸侯的绝对优势，同时又维持诸侯国的存在，这样就在地方上为刘氏江山保存了备份。在汉初功臣集团势力强大的情况下，地方上的刘姓诸侯王，就能成为天子的依靠。事实上，地方诸侯也很快就给中央贡献了一个皇帝，这就是汉文帝。

在吕后时代和汉文帝初期，和皇室血缘关系最亲近的几个主要诸侯王，年龄还都相对比较小。比如上面说的淮南王刘长，他当上王的时候，话都说不清楚呢。随着时间的推移和经济的复苏，诸侯王们渐渐长大，诸侯国的实力也在不断增强，在政治上的影响力也在变大。

到了这种时候，诸侯王的政治野心就不可避免地开始膨胀，膨胀到最后就是谋反。面对地方诸侯王越来越大的威胁，朝廷也大力防范、应对，最终的应对手段就是削藩。削藩政策不是汉景帝时期的晁错首先提出来的，只是汉景帝的削藩搞出了七国之乱，所以名气比较大。

3. 削藩策和推恩令

最早提议削藩的是汉初著名政论家贾谊。他在《治安策》里说道：让天下安定最好的办法，就是把大诸侯国分成很多小国，力量小了，用嘴就可以去指挥他们。国土小了，也就不会动乱七八糟的心思了。其实不光是贾谊能看到这一点，古今中外强大帝国的政治家们都深谙此道。对于一个帝国来说，其他国家都是七零八落的碎块才好。

虽然贾谊最后被赶出了中央，但是在实际行动上，汉文帝则实践了贾谊的削藩政策。哪个大诸侯死了，汉文帝就把他的诸侯国平均封给他的儿子们。到了汉景帝时期，景帝和晁错已经等不及诸侯们自然死亡了，开始主动寻找诸侯们的过错，然后削藩，最终弄出了七国之乱。

平息叛乱以后，汉景帝干脆收回了诸侯的治理权，把诸侯国的内史、中尉的任命权也收归中央。诸侯国除了税收的权力之外，丧失了军权和行政权，诸侯王在事实上失去了对诸侯国的控制。

到了汉武帝时期，公元前 127 年，经过两代皇帝的铺垫，由临淄人主父偃出头，刘彻正式推出了对付诸侯王的大杀器——推恩令。这个法令内容非常简单，总结起来就是：诸侯王们，你们如果想把自己的国土分给你们的儿子或者兄弟，可以向中央打报告。朕一定会亲自过问，保证你们的愿望都能实现。

这个政策成功地把原来中央和诸侯国的矛盾，变成了诸侯国内部的矛盾，变成了父子之间和兄弟之间的矛盾。贾谊给汉朝天子规划的动动嘴就能指挥诸侯的美好蓝图，到刘彻这里终于实现了。

汉初的削藩，最大的障碍就是宗法社会的道德难题。大家都是亲戚，你凭啥削减我的封地呀？推恩令就完美地避开了这个问题，现在是朝廷在后面撑腰，鼓励诸侯王的兄弟和儿子们去瓜分家产，轮到诸侯王们来应对这个道德难题了。而对于这个难题，诸侯王们应对得好，那就是封国解体；应对得不好，那就是身死国灭。

淮南王刘安和衡山王刘赐就属于后者。

4.《淮南子》和淮南王的政治抱负

提起淮南王刘安，大家印象里恐怕就是个胡子一大把的老年儒生形象。其实，刘安兄弟几个都是很年轻的。在七国之乱的时候，刘安才25岁，比侄子辈的汉景帝刘启还小九岁。老年儒生的形象主要是因为一本书——《淮南子》。

《淮南子》，也叫《淮南鸿烈》或者《刘安子》。这部书的内容，从夫妻性生活到宇宙规律，从军事谋略到农田开发，可以说是无所不包。这是由刘安组织门客编写的，百科全书式的综合性著作。《淮南子》以道家思想为核心，对先秦时期的诸子百家学说进行了汇编。全书分为内、中、外三篇，现在只剩下内篇的21卷。这部书汇总了几十部先秦时期的古书，很多后来已经失传的，都要从这里去辑录。很多神话故事，比如后羿射日、女娲补天、嫦娥奔月都是通过《淮南子》流传下来的。

那刘安费心费力地弄出这么一部巨著，目的是啥呢？关于这一点，刘安在《淮南子·要略》里做了说明："纪纲道德，经纬人事。"大致意思是，依靠道德为准则来规划人世间的行为。说白了就是要宣传道家学说的意识形态，通过意识形态的宣传来影响国家的政治。刘安不仅在书里直言不讳地这么说，在现实中也是这么做的。

比如，在公元前139年，也就是刘彻继位的第二年，刘安就在朝觐天子的时候，把这部书的内篇献给了朝廷。同一个月，还发生了赵绾、王臧自杀事件，儒门掌握政权的第一次尝试失败了。

5. 淮南王谋反经过

淮南王刘安这个人，喜欢读书弹琴这样的文艺活动，不喜欢骑马打猎这类事情。对于父亲刘长的死，他一直耿耿于怀，总觉得朝廷亏欠他们。故每当国家遇到变动，他就忍不住想起来造反。

七国之乱的时候，他就想跟着起兵叛乱，被淮南国的国相阻止了。七国之乱被平息之后，算刘安走运，国相没有去举报他。刘安第一次去朝觐汉武帝，田蚡跟他说：皇上没儿子，这皇位说不定就是你的了。把刘安高兴得不行，开开心心地开始加紧谋划造反。这一年刘安41岁。

就这么谋划了四年，到了公元前135年，太皇太后窦氏快死的时候，天空出现了彗星。刘安就说：七国之乱的时候也出现了彗星，这预示着天下要乱了。刘彻此时还没有儿子，他估计刘彻要是死了，肯定天下大乱，诸侯王都会起来争夺皇位。所以他就抓紧进行军事物资的准备，抓紧攒钱去贿赂郡守和其他的诸侯王。很多能说会道的人来到刘安身边，专门编一些刘安喜欢的鬼话糊弄他。刘安是越听越高兴，造反的积极性就更高了。

就这么准备着，准备着，过了十年，终于出问题了。

刘安的太子叫刘千，喜欢剑术，自以为天下无敌。听说郎中雷被的剑术很好，就想找他比试一下。诸侯国的郎中大体相当于中央的郎官。雷被本不愿意和他比，但是被刘千逼着还是答应了，结果失手击中了刘千。刘千很愤怒，听说雷被想到长安投军去打匈奴，就向刘安告黑状罢免了雷被的郎中。雷被一气之下，就逃到长安去告状。

朝廷让河南郡去追查。刘安爷俩就再次燃起造反之念了，结果犹豫了十几天，还是不能下决心。最后朝廷只削减了淮南国的两个县作为处罚，爷俩这才松了一口气。

等缓过来，刘安却说：我做的都是仁义的事情，这样还被削减了两个县，这事太可耻了。从这以后，刘安就更想造反了，天天和亲信们对着地图研究如何造反。派出去的使者回来凡是说中央好话的，他就不听；说中央坏话的，他就喜欢听。身边脑子没糊涂的人劝他慎重，但无论说什么他就是听不进去。

刘安就这么计划着，计划着，到了公元前123年，又出事了。

此时，推恩令开始发威了。刘安一共就两个儿子，除了太子刘千，还有一个庶出的长子叫刘不害。刘不害有个儿子叫刘建，他怨恨刘安不给自己的父亲分封土地，朝廷都已经说了要分封，你就俩儿子，为啥就不能分封给我爹呢？刘建实在气不过就派人跑到长安去告状，中央就揪住这个事情不放，准备一查到底。

刘安和刘千爷俩就急了，想了很多办法。比如：派人到大将军卫青的家里干活，然后借机刺杀他；造谣说南越打过来了，然后自己起兵；造谣说朝廷要征发财产五十万以上的人去朔方；造谣说朝廷要征发各地的豪杰去朔方；造谣说朝廷要抓捕诸侯王的太子；在王宫里放火，让国相和中尉来救，然后借机杀了他们。就这么一个方案接着一个方案，直到司法部门包围了淮南王的王宫。

这爷俩的结局是淮南王刘安自杀，太子刘千自杀未遂。刘安全家包括涉案的所有门客、士人、地方豪强和官吏，一共好几千人，全部被捕。这一年刘安58岁。

司法部门根据查抄的物证，发现了衡山王和淮南王勾结的证据。他们向刘彻请示要去抓捕衡山王。刘彻就把这个事情交给在京的诸侯与丞相共同商量，大家伙一致表示要依法处理，严查到底。讨论的结果是，除了部分平民和身份低微的官员被处以开除和罚款的处罚之外，其他所有涉及淮南王谋反案的人员被族诛。

6. 衡山王谋反经过

至于衡山王，也在同一年被灭门了。这里的衡山指的是安徽省安庆市潜山县的天柱山。

那个时期，这里才是南岳衡山。如果说淮南王是秀才造反，十年不成，那衡山王就不知道该说啥好了。衡山王刘赐，除了王后乘舒还有两个姬妾：徐来和厥姬。王后生了三个孩子：大儿子刘爽、二儿子刘孝、三女儿刘无采。后来王后死了，刘赐立徐来为王后。厥姬为了争宠就跟太子刘爽说：是徐来用巫蛊之术害死了你妈。从此刘爽就开始怨恨徐来。有一次，徐来的哥哥到衡山国走亲戚，刘爽在吃饭的时候捅了他一刀。徐来非常生气，就开始在刘赐面前诋毁刘爽。

刘爽的妹妹刘无采在私生活方面非常放得开，跟奴仆通奸，跟宾客通奸。刘爽看不过去就数落她，刘无采就很不高兴。徐来知道了就拉拢刘无采和刘孝，让他们一起诋毁自己的亲哥哥。在他们的不断努力下，刘赐时不时地就要毒打刘爽一顿。

徐来有一个会跳舞的婢女，刘赐很喜欢。徐来为了能让自己的儿子成为太子，就想让这个婢女去和刘孝鬼混，好一次性把刘爽和刘孝兄弟俩都干掉。

刘爽知道了这事，就想了一个狠招。有一次给徐来敬酒的时候，他故意坐到徐来这个后妈的大腿上，还公开说要和她睡觉，想通过和她发生性关系来堵她的嘴。

徐来赶紧把这事告诉了刘赐。为了避免再一次的毒打，刘爽干脆和盘托出。他跟老爸刘赐说：二弟刘孝和你最喜欢的婢女通奸，三妹刘无采和奴仆宾客通奸，老爸你要注意饮食，保重身体，我要到京城告状去了。说罢扭头就跑，刘赐自己驾着车才把刘爽抓住，然后关了起来。

当时刘赐正让刘孝准备弓箭这样的军事物资，打算和淮南王一起谋反。就在淮南王的孙子派人进京告状的同一年，刘爽也偷偷地让自己的亲信去长安状告刘孝谋反、和父亲的婢女通奸，想以此扳倒刘孝。而同一时间，刘赐也派出使者到长安，向朝廷请示以不孝的罪名废掉刘爽。就这样，衡山王谋反的事情也东窗事发。

衡山王刘赐直截了当地自杀以后，司法部门给其他人的裁决是：王后徐来犯了巫蛊罪，处死；太子刘爽被自己的老爸控告不孝，处死；刘孝在案件发生之后向朝廷自首，可以免罪，但是被自己的哥哥控告和父亲的婢女通奸，罪名成立，处死。

就在这一年，淮南、衡山两国中的高级官吏，地方上的豪杰，有牵连的列侯，王府的门客、亲戚，还有那些知情不报的、出过主意的，好几万人被刘安兄弟俩拉着陪葬了。可谓贤与不肖，同归于尽。

《史记》写到这里，面对这一摊子烂事，连太史公都忍不住开启了地图炮。他说：楚地的人就是冲动，喜欢搞事情，自古以来就是这个样子！

当时正是对匈奴作战的关键时刻，刘彻大约也不太喜欢对这种破事浪费太多精力。他更喜欢的是那种开拓进取的事业，比如收复南越。

当初用了那么多人力物力开发西南夷，是因为南越；直接用酎金清洗了诸侯们，直接起因也是南越。就在打垮了匈奴、整顿了财政之后，南越也非常配合地把脖子伸了过来。

第十七章

南越请降

公元前 119 年，漠北之战胜利结束，但是，付出的代价也很惨重。此后很长时间里，汉朝都无法再组织起大规模的骑兵军团。不过，也并非所有的战略方向，都需要大规模的骑兵军团，比如南越。

在汉朝的版图上，有三个地方隔绝于国家核心区，那就是西域、辽东和岭南。

蒙古大戈壁和青藏高原把西域通往内地的道路，挤压得只剩下一个河西走廊。燕山山脉和渤海同样把辽东地区通往内地的通道，挤压得只剩下一条辽西走廊。就算今天已经拥有了多种交通方式，但是内地通往新疆和东北的主要地面交通，还是集中在河西走廊和辽西走廊。

1. 岭南概况

在习惯上，五岭以南的地区称为岭南。来自南海和菲律宾以东洋面的热带气旋，裹挟着太平洋的水汽北上亚洲大陆，在遇到五岭山地阻拦之后，把巨量的降水倾倒在这个地区，年均 1600 毫米的降雨量，不仅创造了水量仅次于长江的珠江水系，还冲刷出了广西盆地和珠三角平原。

连绵起伏的丘陵和亚热带丛林，把岭南地区和长江流域隔绝开，形成了一个半封闭的环境。珠江水系把整个地区联系在一起，形成了完整的交通网。降水丰富、雨热均匀的广西盆地和珠三角平原，又提供了良好的可耕地。这一切为南越国的建立和存在提供了物质基础。也因为这个基础，南越国灭亡之后，岭南地区再也没有脱离中国的版图。

岭南地区大致是今天的广东、海南的全部和广西的东部。在先秦时期，从红河到长江之间分布着多个部族。百越是华夏地区对他们的统称。具体到每个地方，根据地理位置和生产方式的不同，也分为很多部落，他们之间的内部争斗和竞争也非常激烈。岭南地区势力最大的就是南越，占有今天广东省的大部分地区。

华夏文明及政权对岭南的渗透，在先秦时代就已经开始了。在吴起执政的楚悼王时期，楚国消灭了古苍梧国，华夏势力就已经越过了五岭。楚国在北上争霸的过程中，每消灭一个诸侯国就会把他们的国君一族迁往南方。有说法认为，如今广东的一些大姓，最早就是那个时期迁入的，比如陈姓和黄姓。

2. 南越国的建立过程

秦始皇统一六国之后，也开始追随楚人的脚步，向南征服。通过军事征服和移民相结合的方式，最终稳定了岭南地区，把郡县体制从长江流域延伸到了红河地区。

秦末大乱的时候，秦朝北方军团全军覆没，而地处岭南的南方军团则选择了观望。这支军队的组成成分和北方军团有很大不同。比如赵佗，他是现在的河北真定人，是战国时的赵国人。征百越的南方军团可能也掺杂有大量原来东方六国的旧部。跟随军队前进的，还有几十万的北方移民，这些人在南方军团站稳脚跟之后，就成了当地的社会主体。这样的军队和移民团体，忠诚度和纯粹度与由秦国人组成的北方军团自然不能相比。

当中原大乱之后，南越地区和秦国关中本部的联系就已经断绝，南方军团实际上成了孤军。他们最终选择了切断北上的道路，闭关自守，独立建国，而不是北上救援秦朝。除了军队将领的个人野心之外，我认为还有以下几个原因。

首先，从纯粹的军事角度来说，让这支军队北上已不在秦朝控制之下的几千里地区去救援关中，或者和项羽率领的部队作战，实在是有点不现实。其次，南越刚被征服不久，如果军团主力撤离，秦朝在当地的统治可能会立马土崩瓦解。如果军团主力北上走到半路，南越地区就垮了，那这支部队就会陷入前后都是敌人的死地。再次，秦末无道，离心离德，百姓生活水深火热。这支军团和移民里大多数人也是受害者，估计也不想回到中原战场的汤锅里去。

这么几方面的原因加在一起，南方军团最终选择看着秦朝毁灭。当然，秦朝毁灭的速度也确实太快了点。十六国时期，远征西域的吕光军团，在回国的路上听说前秦垮了，也做出了和南方军团一样的选择。

秦朝灭亡之后，南海郡尉赵佗吞并了其他两郡，自立为南越武王。吕后时期，赵佗又自立为南越武帝，还在南越国和长沙国边境，也就是现在的湖南南部地区，打败了前来征讨的汉军。赵佗的威望一下子覆盖了整个岭南，势力也向西渗透进了中南半岛。

3. 南越历代君主世系

汉朝建立之后，默认了南越国独立的事实，南越国在名义上成了汉朝的下属诸侯国。

赵佗非常长寿，活了一百多岁，先后熬死了刘邦、汉惠帝、吕后、汉文帝和汉景帝，同时还熬死了自己的儿子。到了公元前137年，汉武帝建元四年才去世。他的孙子赵胡继位，这就是南越文王。广州市解放北路的南越王博物馆，就是南越文王死后的墓葬。

到了公元前122年，赵胡也死了，继位的是他的儿子赵婴齐，这就是南越明王。九年之后，赵婴齐也死了，他的儿子赵兴继位，这就是南越哀王。

4. 发型和文明同化问题

南越和汉朝的关系，总体趋势是南越国逐步软化。汉朝刚建立的时候，刘邦派陆贾去劝说南越归顺汉朝，赵佗就"魋结箕踞见贾"，意思是什么头冠也不戴，叉开双腿坐着见汉使。

箕踞指叉开双腿坐着，这一点没什么争议，当年荆轲刺秦王失败之后也是"倚柱而笑，箕踞以骂"，这是一种非常不礼貌的姿势。关于魋结是什么，就有些争议了，一般认为这是赵佗故意模仿了越人的发型。其实魋结，并不是越人的发型，而是华夏族群的发型。

魋结也叫发髻，是华夏族群对头发的处理方式。当时越人的主流发型有两种：披发和断发。女性长发披肩，男性则留短发。随着交流越来越频繁，那些和华夏族群接触频繁的部族，就开始学习魋结的发型，挽起了发髻。

一般来说，社会上层的审美观点和生活方式会被下层人民所效仿。作为统治阶层，赵佗并不需要改变自己的生活习惯去迎合南越人。赵佗的后半辈子，应该挺困惑的。他既向往中原，故他仍保留着中原的发型和审美，又得依靠岭南，而当时岭南的物质基础，又不能支撑他问鼎中原。于是，他只好效仿中原模式，做起了岭南天子。

对农耕地区的一体化来说，赵氏在岭南的所作所为维系了岭南和中原之间的精神纽带，保住了中原文明在南方的根，这为后世在岭南的施政扫除了一大障碍。

5. 另类的红颜祸水

赵佗作为开国之君，敢羞辱刘邦派出的使者。他死了之后，他的孙子赵胡面对汉武帝，在气势上立马就软了。之前闽越国攻打南越，南越试探性地向汉朝求救，汉朝后来也确实出兵了。赵胡就把自己的儿子赵婴齐送到长安做了人质。这一待就是十几年，直到赵胡病得快不行了才回去继位。

在长安的时候，赵婴齐娶了邯郸樛氏的女儿做姬妾。他继位之后，就立樛氏为王后，立樛氏生的儿子赵兴为太子。樛氏在嫁给赵婴齐之前，就已经和霸陵邑（今西安市灞桥区田王村）的一个男人好上了，这个人叫安国少季。至于樛氏在和安国少季好上之后，为什么又嫁给了赵婴齐，这中间有什么变故，历史记录一概没有。但就是这么一段什么细节都没有的旧日情缘，后来也被用上了。对于南越国来说，也算是另一个类型的"红颜祸水"吧。

当时的南越是事实上的割据政权，除了在名义上臣服汉朝之外，在法律体系、官僚体系等方面都是自己说了算。

到了公元前113年，也就是汉朝开始发行五铢钱的这一年，赵婴齐死了，他的儿子赵兴继位。汉朝立刻派出使者去南越，劝说赵兴和已经成为太后的樛氏，到长安觐见天子，从此放弃割据，成为汉朝的诸侯王。汉朝同时派遣了卫尉路博德屯兵桂阳郡威慑南越。

这次的使者就是南越太后樛氏的旧日情人安国少季。可能他们俩是真爱吧，安国少季到了番禺，很快就和樛氏重新好上了，还搞得尽人皆知。经过太后和安国少季的共同努力，年纪还小的赵兴就同意了汉朝的要求，准备废除原来的法律，同时把中尉和内史的职权交给汉朝使团。

6. 南越统治阶层的反叛行动

但国王和太后同意放弃权力，不代表南越国的统治阶层都愿意放弃权力。所谓国家，从来就不是皇帝一个人说了算的。皇帝在理论上拥有无限的权力，但是这个权力能行使多少，就要看国家机器的配合程度了。不能行使的权力，等于没有。而国家机器实际上是由一个个权力集团控制的，每个集团都在通过手里的权力，为他们身后的相关人群获取各种各样的利益。

如果皇帝的行为侵害了某些集团的利益，这些集团就会使用他们掌握的国家机器进行反扑。封建国家是如此，现代的企业、社会团体也是如此。所以，当你觉得他们的某些行为很荒谬、无法理解，一般来说，那主要是因为你的利益诉求和他们的不一致。

在南越王母子准备让出权力的时候，南越的国相吕嘉表示了强烈反对。他们吕家有七十多个人担任部门一把手和地方长官，是南越国最大的势力集团。如果按照汉朝的要求，把内史和中尉这样的实权职位交给汉朝使团的空降干部掌握，吕嘉的相国就会变成空架子。这等于从源头上截断了他们吕家的利益来源。所以吕嘉从一开始就激烈反对，在反对无效后就动了谋反的心思。

赵兴娘俩看情况不对，就想联合汉使刺杀吕嘉，但是汉使在宴会上临阵退缩了。情急之下，樛氏甚至想亲自拿着长矛捅死吕嘉。吕嘉跑出去之后，就决心要叛乱了。

当时远在长安的刘彻，听说赵兴娘俩拿吕嘉没办法，就派了主动请战的韩千秋带着两千人到南越去。刘彻本来是想派这两千人到南越去帮助南越王和汉使的。没想到，他们刚进入南越，吕嘉就发动了叛乱，这些人中了埋伏，全军覆没了。

吕嘉杀死了汉使和赵兴娘俩，改立赵婴齐和越女所生的儿子赵建德为王。消息传到长安，汉朝立即开始进行战争动员。

7. 作战过程

既然避免不了打仗，那就把南方问题一次性解决。为此，汉朝把先前笼络的西南夷部落和福建地区的闽越国，全部动员起来投入战争。经过大半年的准备，汉朝征发了淮河以南的罪犯和水面舰队。在吕嘉发动叛乱的第二年秋天，也就是公元前112年，开始向南越进兵。

由于地理的原因，不管是秦朝还是汉朝，只有走水路才能避开绵延的五岭山地和原始丛林。所以，汉军的进军路线全部依靠河流展开。汉朝任命路博德为伏波将军，从桂阳郡出发，通过连江进入北江；任命杨仆为楼船将军，从豫章郡进入湟江，然后也转向北江。这两路人马计划在北江会合，然后一起南下进攻番禺。此外，还任命两个归降的越人为戈船将军和下厉将军，让他们从零陵郡出发，通过桂江进入西江，然后顺流东下进攻番禺。任命一个叫遗的越人为驰义侯，让他统率巴蜀地区的罪犯和夜郎国的兵力，通过北盘江顺流东下进攻番禺。

四路大军中，楼船将军率主力精锐部队，经过一年的作战，突破了南越国的五岭防线攻入岭南。到公元前 111 年的冬天，顺利突破了南越的寻峡防线，寻峡大致就是今天的广东省清远市的北江小三峡。南越为了防御汉军主力，在离番禺不远的主航道里堆积石头阻拦汉军船队，但是随后也被顺流而下的汉军攻破，堆石头的地方就是今天的广州石门。

在历史上，广东地区的粮食长期由广西补给。每年秋收之后，广西方面通过西江把粮食运到珠江三角洲。南越用石头堵塞了航道，造成运粮船队大量滞留在石门，最后这些粮食和船只都成了汉军的战利品。有了额外的补给，汉军一鼓作气攻到了番禺城下。

伏波将军统率的主要是罪犯，行动效率很低，再加上出发地比较远，最后只有一千多人和楼船将军会合。他们决定不再等待后续部队，而是立即开始攻城。番禺城内很快就开城投降了，吕嘉和赵建德想通过海路向西逃跑。赵建德被汉军校尉司马苏弘抓获，吕嘉被南越国的郎官孙都抓获。直到攻占番禺城，其他两路军队还没有到达。他们虽然没有参与番禺会战，但是在进军的过程中，成功招降了南越国西部的几十万人。到此为止，存在了九十三年的南越国灭亡了。

汉朝很快就稳定住了局势，主要还是因为汉朝面对的不是一片空白的蛮荒之地，而是一个已经运行了九十多年的割据政权。汉朝可以直接接管已经成熟的统治体系，然后利用秦国移民打下的基础，迅速站稳脚跟。解决了南越国，汉军在东西两线也开始动手，以违抗汉朝的征发令为由，汉军西线部队征服了西南夷中不顺服的部落。

在汉朝征发西南夷部落的时候，地处东线的闽越国看情形不对，就主动报名进攻南越。但是在进攻南越的路上，又偷偷地和南越私下联系。东线汉军在休整了一年多之后，把闽越也并入汉朝了。

汉朝觉得闽越人屡次发动叛乱，是个很大的不安定因素，于是把所有的闽越人迁徙到了江淮地区，闽越地区变成了一片无人区。汉朝的移民行动，永久性地改变了闽越地区，也就是今天的福建地区的人口结构。故在南北朝，少数民族入主中原时期，大量汉族人口涌入闽越故地，就没有再遇到大的阻碍。

8. 南越国和岭南对中华文明的意义

公元前110年，从云贵高原到东海，从长江到珠江，几万平方公里的河山都再次纳入了中国的版图。

分裂还是统一，是历史的长久课题。如果要说有哪些割据政权，对中国历史是有积极意义的，那南越国倒是可以算一个。南越国在本质上是华夏势力深入百越地区的一个堡垒，在华夏势力还没有能力消化广大岭南地区的时候，南越国守住了这个据点。

南越的建立，加速了百越族群的分化，处在南越国统治下的越人，演化成壮、瑶、黎等民族，而被南越国向西驱赶的越人，演变成了傣、苗等族。南越的存在，加速了岭南地区的开发，把原来刀耕火种的原始农业社会一下子提高到了铁器时代。南越人没有被国内的越人同化，反而同化了越人，在四周越人的包围下创造了一片中原化的地区。然后南越国又通过自己的灭亡，把这份秦帝国最后的遗产，移交给了汉朝。

　　从楚国将战俘迁移到岭南开始，历史上每次发生大动荡都会有一批批的北方移民进入岭南地区，然后和原来的居民混居，构成新的人口，给原来的文化添加新的元素。广东人的主体，就是在南越人的基础上，通过接纳躲避动乱的北方难民，一点点积累形成的。

　　在古代，亚洲大陆的历史涟漪，最终在这里消散，留下一些残影沉积在岭南的山水之间。在近代，中国历史的波涛从这里开启，最终席卷天下，成就了现在的中国。旧的世界在这里结束，新的世界从这里开始。位于亚洲大陆边缘的岭南，就如同海边沙滩上荡漾的波纹，一圈一圈地记录着历史的惊涛骇浪。

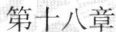

第十八章

开拓西域：三十六国记

"西域"这个词，最早可查的出处是《史记·卫将军骠骑列传》记载的公元前121年的一份诏书：骠骑将军去病，率师攻匈奴西域王浑邪。

1. 西域的范围和地理环境

西域作为一个地理概念，有广义和狭义两个范围。

狭义的西域，大体范围是：南到昆仑山脉，北到巴尔喀什湖，西到阿姆河，东到甘肃敦煌。面积超过 200 万平方公里，包括我国的新疆和中亚的东部地区。广义的西域，那就大得多了，从玉门关和敦煌往西走，直到东欧和黑海，都可以算是西域。狭义的西域，主体部分就是新疆地区。提起新疆，很多人第一个印象可能就是大。新疆地区有 166 万平方公里，占我国国土面积的六分之一还要多。

别看新疆这么大，其实总体地形相对简单，俗称"三山夹两盆"。三条东西走向的山脉——阿尔泰山、天山、昆仑山，从南到北把新疆地区分割成两个盆地。两个盆地的主要部分就是两个沙漠，其中面积最大的是塔里木盆地和塔克拉玛干沙漠。汉朝开拓西域的历史事件，主要发生在塔克拉玛干沙漠的东部和西部。

塔克拉玛干沙漠的面积为 33 万平方公里，相当于 3 个浙江省的面积。它的存在导致人类的活动只能在这片沙海的边缘展开，交流和沟通得能绕过这片地区才行。除了地域广大之外，这种交通上的曲折性，也是西域地区文明分布状态非常破碎的原因之一。

到今天，这个地区的年均降水也只有不到 200 毫米，某些时期只有几毫米，甚至连续几年不下雨，自然环境实在是恶劣。好在盆地四周的高山冰雪融水，由于地形的原因都往盆地中间集中；由于整个地区西高东低，又都向东部地区流淌，形成了塔里木河水系和罗布泊，总算是给塔里木盆地附近的居民留了一条活路。

由于盆地的北部和东部边缘地势较低，常年盛行西北风和东北风，造成沙漠的流动呈现向南的趋势。在近 1000 年的时间里，塔克拉玛干沙漠大约向南延伸了 100 公里。著名的楼兰和精绝古国，就是这么被湮灭的。

自然环境对西域地区的文明分布造成了决定性的影响。环绕塔克拉玛干沙漠的西域古国，大国往往集中在北部和东部，小国往往集中在西部和南部。沙漠以南的地区，绿洲面积比较小，同时又靠近青藏高原的羌人地区，在生产方式上呈现出绿洲农业和畜牧业混合的特点。沙漠以北的地区，绿洲面积较大，水源比较稳定，生产以农业为主。而天山以北地区，则以游牧经济为主，比如康居和乌孙国。

2. 西域地区主要国家概况

在张骞第一次出使西域回来以后，汉朝才对西域地区有了一个整体的认识。当汉朝把国防线推进到河西走廊的西部出口，他们首先面对的就是楼兰国。塔里木河冲出沙漠，把最后的一些地表水都送给了这片洼地，形成了一大片咸水湖和咸水沼泽地带。这就是罗布泊，古称盐泽。楼兰国就紧靠着罗布泊，后来塔里木河下游改道，罗布泊才逐渐萎缩了。

得益于汉朝对量化数据的追求和记录，我们在两千多年以后，还可以对西域各国的基本情况，有个大致的了解。

下面咱们就绕着塔克拉玛干沙漠走一圈，大致看一下汉朝进入之前西域的基本情况。

先说这个路口的楼兰国，这里是汉朝通往西域的第一站，是汉朝开拓西域的起点。楼兰国人口有 14100 人，士兵 2913 人，只相当于汉朝的一个小县。

从楼兰往西走，就进入了汉朝通往西域的南道，这条狭长通道的南部是昆仑山和阿尔金山，汉代称南山，北部则是沙漠。这条通道沿着沙漠和南山一路蜿蜒转向西北。从南山上流淌下来的一条条河流，在沙漠的边缘制造出一个个小绿洲。南道的这些国家就依靠这些绿洲生存，他们的人口少的几百人，多的几千人。只有于阗、莎车和疏勒的人口多一些，各自有一两万人和两三千士兵。

疏勒往北翻过天山就是位于费尔干纳盆地的大宛国。大宛国有 30 万人口和 6 万士兵。大宛国是丝绸之路上连通东西方的中轴地区。它的北面，在咸海和巴尔喀什湖之间是康居国。康居国人口超过 60 万，有 12 万士兵。它的西面，锡尔河上游地区是大月氏国，有 40 万人口和 10 万士兵。

从这里再往南越过帕米尔高原，就进入了古印度地区，大月氏如果再往西走，就是帕提亚帝国了。帕提亚后来成为罗马帝国在东方最强大的对手，汉朝称帕提亚为安息。对于古印度地区和伊朗高原的这些国家，汉朝了解的就比较模糊了，只知道人口很多，军队也强大。

从大宛掉头往东走，位于天山北面的，就是伊犁河流域的乌孙国。乌孙的人口是 63 万，有 188000 名士兵。

大宛以东，天山的南面，就是汉朝通往西域的北道，当时的天山也被称为北山。这里的国家主要分布在塔里木河沿岸一系列面积广大的绿洲地区。其中以龟兹国的人口最多，有 82000 人。其次是焉耆国，有 32000 人。再次是姑墨国，有 24000 人。其他的都是一些人口几百到几千不等的小国。

从焉耆顺着河往东走，就是盐泽和楼兰了。从焉耆国往北走是跨天山余脉的车师国，车师国正好和楼兰一起控制着汉朝通往西域的咽喉地区。从车师国往东北方向走，就是匈奴的日逐王所部和受匈奴控制的蒲类国地区。

西域被汉朝单独记录的国家、部落，或者居民点，一共有 56 个。在汉朝组建西域都护府之后，其中的 36 个直接臣服于汉朝，或者成为汉朝的屯田区。这些有记录的地方，总人口加在一起是 2286091 人，刚好比汉朝汝南郡的人口少一点。

3. 汉朝开拓西域的动机

在汉朝进入西域之前，匈奴就已经控制了西域的北部地区。他们在焉耆地区设立僮仆都尉，向西域国家征收赋税，却并不直接控制土地。采取这样的政策，可能是因为匈奴人无法对农业地区实施有效管理，只好采用羁縻政策，通过武力进行压榨。

随着汉朝的不断挤压，匈奴人陆续向西迁移，并开始直接控制天山以北的游牧地区，比如康居。后来汉朝也紧跟着越过天山，对匈奴穷追猛打。那句著名的"明犯强汉者，虽远必诛"，就是这么来的。当然，这些都是后话了。

汉朝开拓西域，最原始的动机就是解决匈奴问题。当匈奴在东方战败，主力开始向西转移之后，汉军的进攻方向也跟着转移，这就需要在西域地区有可靠的前进基地或者盟友。当初汉朝寻找大月氏作为在西域的盟友，但是没有成功。等到汉朝终于摸到西域大门口的时候，汉朝重新选择了一个盟友，这就是乌孙。汉朝希望联合乌孙夹击匈奴，封闭匈奴进入西域的通道。

4. 张骞第二次出使西域

执行这次外交任务的是张骞，实际上最早提出这个计划的也是他。在汉朝夺取河西走廊之后，张骞就向刘彻提出了联合乌孙的计划。他的建议是：通过和亲的方式拉拢乌孙，让乌孙国搬迁到河西附近，作为汉朝进攻匈奴的帮手。然后通过把乌孙国树立成典型，再把其他西域国家都变成汉朝的藩臣，这样就安全了。

公元前119年，也就是漠北决战的这一年，趁着匈奴主力退缩到漠北的机会，张骞终于再次出发了。这次他带了三百人、几万头牛羊和价值千万的财物。张骞亲自向乌孙王游说，但是乌孙离匈奴太近，对汉朝的实力没有概念，不敢贸然行动。张骞只好在乌孙住了下来，同时派遣副使去西域其他国家联络。

张骞最后没能说服乌孙国搬迁，不过乌孙国还是派人和张骞一起回

Hanwu Shidai Mantan

去了。在对汉朝有了直观了解之后，这才敢倒向汉朝。汉朝终于在西域找到了一个战略支撑点。

完成了出使乌孙的任务之后，张骞在公元前114年去世了。他派出去的其他副使，在他去世的第二年才返回汉朝。

这次行动，让西域各国和汉朝第一次建立了正式的外交联系。从此之后，在帕米尔高原，在天山，在阿姆河，在罗布泊，汉朝的使者开始往来穿梭，络绎不绝。一年当中同时有十几个使团在路上奔走，这些使团，大的有几百人，小的也有一百多人。因为路途遥远，有些使团甚至要八九年才能回来。由于张骞在西域各国的声望很高，故汉使在西域的时候都自称博望侯。

每一批返回的汉朝使团，都会带一些西域国家的使者来汉朝参观，然后又有新的汉朝使团，跟着这些人再次出发继续探索。通过一批又一批的使团，汉朝逐步摸清了西域地区的基本情况，包括各个国家的位置、物产、人口、兵力，甚至语言习惯。

汉使还考察了塔里木河流域的水系分布和于阗国的玉石开采情况。刘彻还根据这些信息，亲自查资料，论证了于阗国出产玉石的地方，就是上古时代的昆仑山。昆仑山脉的正式名称，就是从这时候确定下来的。

在对西域全面摸底之后，汉朝开始为挺进西域做准备。公元前111年，汉朝首先向祁连山以西的羌人地区进兵，扫除他们对河西后方的威胁。同时把从公元前121年开始，已经修到酒泉郡的长城，再往西向玉门关延伸。

在张骞去世六年后，也就是公元前108年，汉朝正式进兵西域。这次行动的直接起因是使者，确切地说，是一群使者。

第十九章
开拓西域：两征大宛，五战车师

1. 汉朝在西域的外交困境

自从张骞第二次出使西域之后，汉朝就一直源源不断地向西域派遣使团。这使者多了，就不可避免地出现了良莠不齐的情况。有的人把朝廷给的、准备赏赐西域国家的财物，带到西域之后卖掉捞钱；还有的人仗着有朝廷撑腰，在西域胡说八道。这么一来二去，西域国家就开始轻视汉朝使团。

当时出使西域的汉朝使团，处境其实不太好。塔里木盆地里的西域国家，还算好一些。那些更西部的国家，长期受到匈奴的威慑，只要匈奴发一份通知，他们就得为匈奴的使者准备好食物。而轮到汉使，如果不拿出财物去买，连一口水也不提供。有些国家干脆攻击使团，杀害使者，抢劫财物。

汉使自然也没有啥自缚手脚的顾虑，因此汉朝使团和西域国家之间，就开始发生互相攻击的事情。刚开始是天山以西的国家，到后来，天山以南的国家也有样学样，比如楼兰和车师。这两个紧靠着河西走廊家门口的国家，也开始断绝汉朝使团的物资供应。由于楼兰所处的咽喉位置，实际上到此为止，汉朝沟通西域的南北道交通已经断绝了。

2. 赵破奴战楼兰

事情到了这一步，光凭借使者的嘴是解决不了问题了。公元前108年，汉朝派遣赵破奴进兵西域，重新打通交通线。

赵破奴是今天的山西太原人，从小就在匈奴流浪，后来又跟随霍去病征战匈奴，是汉武帝后期比较能拿得出手的骑兵指挥官。赵破奴脱离大部队，亲率700个轻骑兵，以冬天恶劣的强对流天气为掩护，首先突袭了楼兰国的首都扜泥城，抓住了楼兰王。然后急行军400多公里，直接翻过海拔2000米、几乎寸草不生的库鲁克塔格山。突入吐鲁番地区的车师国，一战攻破车师的首都交河城，也就是现在吐鲁番西郊的交河城遗址，后来唐代的安西都护府就设立在这里。攻破车师之后，汉军穿过博斯腾湖地区，在今天的库尔勒和大部队会合，再沿着塔里木河西进，在乌孙和大宛的眼皮子底下，武装游行了一番。沿途向西域国家宣扬汉朝的军威，然后才返回汉朝。

这一次军事行动的主要目的是武装示威，也确实取得了效果。比如楼兰国，立刻就表示归顺了，国王还派了一个儿子到长安当人质。再比如乌孙国，原来还对汉朝心存疑虑，在汉朝的武装游行之后，就比较干脆地表示愿意臣服，希望能和汉朝和亲。

3. 一征大宛

楼兰和乌孙是被汉朝的军威震慑到的，也有一些国家并没有被震慑到，比如大宛。有一句老话叫距离产生美。其实，距离也会产生认知偏差。有些国家会通过主动探索修正这种偏差，而有些国家必须要刀架在脖子上，才能被现实说服。

汉朝和大宛的冲突，起因是马。马是对人类历史起着决定性影响的动物之一，和整个人类的发展紧密绑定。最早的始祖马化石，发现于美洲地区，有超过 5000 万年的历史。现代意义上的家马大约于 5000 年前在中亚草原地区被人类驯服。

按照生物学分类，马可以分为：草原种，比如蒙古马；山地种，比如滇马；森林种，比如雅库特马；还有沙漠种，比如阿拉伯马和阿哈尔捷金马。阿哈尔捷金马就是俗称的汗血马。

在张骞第二次出使西域之后，汉朝就已经得到了乌孙马。汉武帝刘彻喜欢得不行，还给起了个名字叫"天马"。后来回来的使者汇报，说大宛国有更好的马，但是藏在贰师城，不肯给我们。汉朝就重新派了使者，带着千金和金子做的马到大宛去，想交换汗血马。但是，大宛觉得汉朝前几批使者送来的财物已经够多了，又觉得汉朝离自己比较远，不能拿自己怎么样，就拒绝了。

汉朝使者没能完成使命，就辱骂了大宛，还扬言要砸了金马。大宛人觉得汉使不尊重自己，就把他们遣送出境，然后偷偷在边界附近的郁成截杀汉使，抢夺了财物。

杀害了使者是真的，抢劫了财物是真的，金马从此消失了是真的。使者是不是辱骂了大宛，那就不知道了。反正人没了，死无对证。

得到使者被杀的消息，刘彻就准备武力解决了。之前出使过大宛的人，都觉得大宛的军队战斗力不行，直接用弓箭射他们，就能把事情搞定。

汉武帝也觉得，之前赵破奴用 700 人就能解决楼兰，大宛比楼兰大一些，多派点人应该就可以了。为了让自己的宠姬李夫人的哥哥李广利取得军功封侯，就任命他为贰师将军，征发了属国 6000 骑兵和几万郡国恶少年组成西部军团去进攻大宛。

属国就是当年归降的匈奴部族。恶少年，这个词广泛出现在汉唐时期的历史文献中。如果非要找一个现代词语来形容它，那流氓无产者是相对比较贴切的。汉唐时期经常征发他们进行对外战争。

大宛国位于今天的费尔干纳盆地。这个盆地的海拔只有300到1000米，可以接受到大西洋和里海方向过来的微弱暖湿气流，再加上背靠平均海拔4000米的天山山脉，形成了雨影效应。所以有尽可能多的降水留在了迎风面的费尔干纳盆地。地形封闭、日照充足，让费尔干纳盆地的无霜期超过七个月。直到今天，只占中亚地区总面积二十分之一的费尔干纳地区，却养活了中亚六分之一的人口。

有着这样的条件，大宛国对远方的汉朝很不客气，多少也算是有些底气的。

李广利带着几万汉军进攻大宛，首先要穿越盐泽，也就是罗布泊地区。盐泽地区是一个咸水湖和沿湖分布的咸水沼泽地带。有了一大片湖水，不代表环境就一定适合生存。三国时期的如淳就说过：这个地区别说粮食了，连马能吃的草都找不到。

隋朝的裴矩在他的《西域图记》里，介绍了罗布泊地区的险恶环境：在咸水沼泽里没有固定的道路，行人要依靠人或者牲畜的白骨作为地标才能通过。经常有人失踪，稍不留神人就没了。

大宛国在杀害汉使之前就公开说过：汉朝离我们这么远，道路险恶，沿路没有补给，来几百人都要死上一半，更别说大部队了，肯定拿我们无可奈何。

汉军最终还是通过了盐泽，一路坎坷，终于走到了天山脚下的疏勒。从疏勒去大宛，主要是通过今天的别迭里山口，再沿着河谷到达郁成，进入费尔干纳盆地。郁成也就是今天吉尔吉斯斯坦的奥什地区，别迭里山口唐代称勃达岭，是通往碎叶镇的一个重要通道。李广利到达郁成时，汉军就只剩几千人了。这些饥饿疲惫的人还是发动了进攻。他们被郁成的守军打败，又阵亡了好些人，李广利只好退兵。前后折腾了两年，只剩下十分之一的人活着回到玉门关。

这个时候，就要考验最高统治者的战略定力了。面对失败，汉朝的考虑是：如果连大宛都解决不掉，那西域的其他国家必然会更加轻视汉朝，为难汉使。这股反汉朝的风潮会更加严重，搞不好真的要前功尽弃。

4. 二征大宛

公元前 101 年，汉朝再次发动大宛战役。这次进行了大规模动员，针对导致前一次战败的补给和兵力不足的问题，汉朝给李广利军团补充了六万人和三万匹马。同时准备了十几万的牛和骆驼用来运输补给。还征发了十八万戍卒，加强河西地区的守备，保护军团的后路。为了长期围困大宛和战后挑选马匹，汉朝还准备了水利工程师和马匹专家。为了缓解沿途的补给压力，汉军分路前进，从塔克拉玛干沙漠南北两边同时进军。当这支大军再次浩浩荡荡过去的时候，沿途的小国都自动向汉军提供补给。就算是这样，活着抵达大宛的也只有三万人。

李广利率领主力走北道，放弃郁成，直接围攻大宛的首都贵山城。汉军先用箭阵击败了大宛的军队，然后开始围困城池。大宛贵族最后杀死了大宛王，把大宛王的首级献给汉军，投降了。

由于是分路行军，部队的行进速度不同，有一支走南道的汉军，就没有赶上大部队。他们在经过郁成的时候，要求提供补给。郁成王看他

Hanwu Shidai Mantan

们只有一千多人，组织三千人发动了袭击。汉军活着突围出去的只有几个人。

等解决了贵山城，李广利派搜粟都尉上官桀分兵进攻郁成，郁成很快被攻破，郁成王逃往了康居。汉军随后紧追不放，康居人害怕也受到攻击，就把郁成王送给了汉军。上官桀派四个汉军骑士把郁成王押送给李广利。四个人在半路上商量，郁成王是重要人犯，万一路上不小心让他跑了，那就麻烦了。结果由年龄最小的赵弟动手，用剑砍死了郁成王，把他的头带给了李广利。

第二次大宛战役结束，汉军带着三千多匹马返回（回到玉门关时，就只剩一千多匹马了），沿途的所有小国都派贵族子弟跟着汉军到长安朝觐天子，并留下来做人质。

两征大宛，确立了汉朝在西域的权威。南道诸国包括西域的西部地区，此后都不再有大的反复。之后汉朝经营的重点就开始转向西域的东部——天山地区。

5. 一战车师

汉朝开拓西域的原始动机是解决匈奴问题，每当汉朝开始进攻匈奴的时候，西域方面也会进行配合。汉朝和匈奴争夺的焦点就是车师国。

公元前99年，也就是李陵兵败浚稽山的这一年，汉军也乘机进攻了车师，但是遭到匈奴几万人的围攻，被迫撤军。

6. 二战车师

公元前 90 年，汉朝再次兵分三路进攻匈奴。为了策应进攻天山的马通军团，汉朝动员了西域六个国家的部队围攻车师，迫使车师投降。汉军撤退之后，匈奴立刻屯田车师，恢复对车师的控制，继续威胁汉朝的南道交通。

三年之后，汉武帝驾崩了。在之后的整个汉昭帝时期，汉朝停止了对匈奴和西域的大规模行动。

7. 三战车师

汉昭帝死后，汉宣帝继位。公元前 72 年，汉宣帝本始二年，汉朝恢复对匈奴的攻势。

这一年动员了 10 万精锐部队，兵分五路进攻匈奴。同时派遣使者统率乌孙的军队，袭击匈奴的后方。这一战瓦解了匈奴对西域的统治体系，汉朝第三次夺取了车师地区。

但是，汉军撤退之后，匈奴又与车师联合，截断了汉朝和乌孙的交通。

8. 汉朝经营西域的逻辑和屯田体制

汉朝经营西域的逻辑链是：要想钳制匈奴→就要联合乌孙→要想联合乌孙→就要保持和乌孙的交通→要想保持交通→就要控制车师地区。

但是，在当时长期占领车师是有困难的。留兵太少，匈奴人转头就能夺回去；留兵太多，粮食补给就跟不上。所以在三战车师之后，汉朝就拿出了农业民族的法宝——屯田。汉朝在西域的每一次重大行动中，都会同时开展屯田工作，甚至把屯田作为重大行动的前置手段，先以屯田区建立前进基地，然后再展开军事行动。

距离的残酷性，在汉朝对西域的开拓过程中，体现得淋漓尽致。从朔方郡出发，汉军要前进 800 公里，才差不多可以打到单于庭。从敦煌郡出发进攻大宛，汉军前进 800 公里，也只是勉强走完了全程的三分之一。

在二征大宛的同一年，公元前 101 年，汉军在轮台开始了屯田。这个轮台也就是现在新疆的轮台县地区。最初只有几百人，主要是充当汉朝使团往来西域的补给站。三战车师之后，公元前 68 年，汉朝开始派遣郑吉在渠犁，也就是今天的库尔勒地区开展屯田。

郑吉是底层士兵出身，通过出使西域，一步步做到了郎官，他对西域地区非常熟悉。

9. 四战车师

就在公元前 68 年的秋天，汉朝的屯田部队收割完庄稼，然后就征发了三万人的西域部队第四次进攻车师，但是再次被匈奴的援兵击退。不过这一次匈奴人也被汉朝的不断进攻，搞得有点受不了了，就把车师国的人口搬迁到了匈奴境内。汉朝随即派遣 300 人的屯田部队占据了车师。

靠着这次的军功，郑吉被任命为护鄯善以西使者，南道。这里的鄯善指的是楼兰。

10. 五战车师

匈奴不甘心失去进入塔里木盆地的通道，在之后的七年时间里，不停地袭扰汉朝的屯田部队。郑吉把库尔勒的屯田部队转移到交河城加强防守，同时向朝廷请求增派部队进行屯田。但是朝廷认为交通不便，损耗太大。

到了公元前62年，汉军退回了库尔勒，把所有剩余的车师人口都带走了，车师就变成了无人区。

11. 西域都护府的建立

虽然经过五次争夺汉朝都没能占领车师，但是随着匈奴日益衰弱，内部矛盾不断激化，两年后，即公元前60年，汉宣帝神爵二年，匈奴日逐王与匈奴单于矛盾激化，就带着整个部族向汉朝投降了。匈奴统治西域的象征——僮仆都尉，从此消失。汉军顺利挺进到天山以北地区。

随着日逐王的投降，天山以北的小国全部归顺汉朝。因为地域的扩大，郑吉的职务就变成了护鄯善以西使者，南道；护车师以西，北道；简称都护。这就是西域都护最早的由来。

汉朝对西域实行的是军事管理，都护的本官是骑都尉。他的幕府，也就是都护的官署，设立在轮台地区的乌垒城，遗址就在如今新疆轮台县的东北部。在品级上，都护等同于郡守。都护的职责是监控乌孙、康居等36个西域国家，可以团结的就团结，没法团结的就消灭。从此之后，汉朝的号令就通行西域了。都护的幕府，简称都护府，西域都护府就是这么来的。

从公元前138年张骞第一次走出长安，到公元前60年西域都护府建立，汉朝用了近80年的时间，才终于完成了对这片地区的控制。

初元元年，公元前48年，汉元帝继位的第一年，汉朝在西域设置了戊己校尉，专门负责在车师地区的屯田工作。戊己校尉，在指挥关系上服从于都护，同时以车师为基地，防御匈奴，控制西域北部地区。到此为止，西域都护府的整体架构才算搭建完成。

戊己校尉的名称，可能是西汉中晚期五行学说大流行的产物。在五行归属上，戊和己都属于土，比较贴近戊己校尉的本职工作。同时西域在汉朝之西，属于金；匈奴在汉朝之北，属于水。土生金而克水，有安抚西域和镇压匈奴的意思，而且这也确实属于戊己校尉的职责范围。

以西域都护府的建立为标志，丝绸之路的东段就全线打通了。为了维护丝绸之路的南北通道，汉朝在西域全面铺开屯田工作。这些屯田区广泛分布在塔克拉玛干沙漠的周边和天山南北。它们大小不一，小的几百人，只能维持驿站和警戒工作，大的甚至能开垦几万亩土地。

12. 解忧公主和亲乌孙

在这些屯田区中，有两个屯田区的来历值得特别说一下。这就是位于乌孙的肱雷和位于楼兰的伊循。这两个屯田区的背后是汉朝开拓西域的两段故事。

咱们先看乌孙的这一段故事。

乌孙国的主体位于塔吉克斯坦的伊塞克湖和中国的伊犁河谷地区。乌孙最早是匈奴扶持起来的国家，后来发展壮大，脱离了匈奴的控制。西汉经营西域的重点工作，就是争取和乌孙的联盟。为此，汉朝先后让江都王刘建的女儿刘细君和楚王刘戊的孙女刘解忧，嫁到乌孙去和亲。眩雷屯田区，就是刘细君嫁过去的时候，汉朝为公主的随行人员建立的，具体的位置目前已经无法确定。

两位公主里，刘细君在生了一个女儿之后就忧郁而死了。对维护汉朝和乌孙的关系来说，解忧公主所起到的作用最大。她经历了汉朝开拓西域的最动荡时期，前后和三任乌孙王结婚。

最后一任是乌孙狂王，他和公主的关系不好，对民众也很残暴。公主就联合汉使魏和意和任昌，在举办酒宴的时候刺杀他，但是使者失手了。朝廷不了解内情，就派了一个叫张翁的，去调查公主参与谋杀事件的情况。公主认为自己没有做错，张翁就抓住公主的头发辱骂她。跟随张翁的还有一个季都，他奉命带着医生去给乌孙狂王治伤，在走的时候，狂王还带了十几个人去送他。

后来公主给汉宣帝写信说明刺杀的原因，失手的魏和意、任昌及辱骂公主的张翁被处死。没有抓住时机杀掉狂王的季都，被判了宫刑。

解忧公主一共在乌孙生了六个孩子，一个儿子做了乌孙的国王，一个儿子做了莎车的国王，还有一个女儿做了龟兹的王后。龟兹王夫妻俩还主动到长安朝觐过。龟兹国后来成为西域地区受汉文化影响最深的国家。

到了晚年，解忧公主希望能回归汉朝。公元前51年，已经70岁的她终于回到长安，可惜两年之后就去世了，不久汉宣帝也去世了。

刘细君和刘解忧都是罪人的后代。刘细君的爸爸江都王刘建，因为奸污了自己的妹妹又企图谋反，畏罪自杀。刘解忧的爷爷就是七国之乱的参与者楚王刘戊，后来也是畏罪自杀。身为罪臣之女，她们都为汉朝做出了巨大贡献。

13. 楼兰往事

看完了解忧公主和乌孙的故事，咱们再来看看楼兰方面。楼兰王被赵破奴俘虏之后，很快被放了回去。

在李广利二征大宛的时候，匈奴企图截断汉军的后路，但是又怕汉军人多打不过，就让楼兰去截断汉朝的交通线。事还没开始干，就被当时驻扎在敦煌的任文知道了。他在得到朝廷的允许之后直接抓捕了楼兰王，把他送到了长安。

汉朝就给了一份文件，一条一条地谴责楼兰王，楼兰王只好说：我们这样的小国，只有脚踩两条船才能保命呀，要不我们都搬迁到汉朝去吧。汉武帝看楼兰王说话比较实在，就放他回去了。

后来这个楼兰王去世了，楼兰就请求汉朝把之前送过去的人质放回来，好继承王位。但是这个人质在汉朝出了意外。

楼兰就自己选了一个王，然后这个王继续左右摇摆，同时往匈奴和汉朝都派了人质。他死了之后，匈奴先得到了消息，就把人质送回去继承了王位。这个楼兰王跟匈奴比较亲近，处处给汉朝找麻烦，袭击汉朝的使团，并先后杀害了汉朝、安息和大宛的使者，同时抢劫使团的财物和信物。他的弟弟尉屠耆则跟汉朝比较亲近。

后来楼兰王遇刺身亡，汉朝就册立尉屠耆为新楼兰王，把楼兰改名为鄯善。在新楼兰王的请求下，汉朝在楼兰国的伊循城长期驻扎军队。这就是伊循屯田区的由来。

14. 边缘疆域的控制问题

总体上，汉朝完全直接控制的西域地区，主要还是局限在交通线附近。散布在广大荒漠和高山之间的西域国家，和汉朝之间，更多的还是附庸国和宗主国的关系。西域都护府对西域国家的控制力，也是从东往西逐步减弱的。

不论是秦汉还是隋唐，对边缘地区的控制，都是动态变化的。控制的范围大小、控制的程度深浅，都随着国力的变化而浮动。一旦内地发生战乱，边缘地区往往首先被放弃，而放弃了就很难再夺回。所以，那些能重新夺回边缘地区的人，名字才会被永久地镌刻在历史的丰碑上，比如班超，比如左宗棠。

在铁路和无线电出现之前，这种从核心部分到边缘区国家控制力逐次递减的问题，对古代疆域广大的统一国家来说，基本上是无解的。发展屯田，已经是在输送能力不足的情况下，采取的妥协措施。屯田所在的区域，已经是封建王朝控制边疆的极限了。

15. 皇帝和开疆拓土的关系

自古以来，往往有人把国家对四方的开拓，总结为某个皇帝的个人虚荣心。其实这不是在抨击皇帝，相反，恰恰是在神化皇帝。就比如汉武帝吧，没有官僚体系的配合，没有社会生产力的支撑，没有民众的意愿作为基础，不管是打匈奴还是开拓西域，他都是做不到的。皇帝可以违反所有人的意愿，短时间内做一些事情，但是他无法一直和所有人反着来。皇帝的某种行动，一般来说，都有一群人，甚至一整个集团或者阶层，在背后支撑他。

皇帝之所以特别有力量，是因为他是多个群体的代表。不是有那么一句话嘛：他不是一个人在战斗。

当皇帝真的需要一个人去战斗的时候，基本上也就到了亡国的时刻。这说明他所代表的群体已经失败，或者他已经被这些群体抛弃了。

收复了南越，挺进了西域，汉朝打通了两个地理隔绝区和国家核心控制区的联系。未来两千年，中国地理疆域的基础框架，在这个时期就已经搭建完成。汉武帝时期，国家对疆域的开拓，到此告一段落。

就在汉朝南征北战，致力于解决外患的时候，有一个内部的敌人，也在悄悄地发展壮大。也就是这个敌人，最终毁灭了汉王朝。这就是豪强。

第二十章

豪强——汉帝国的掘墓人

一般认为，民就是普通老百姓。其实，自古以来，民所表示的人群是比较宽泛的。比如汉代的豪民，虽然他们确实属于民的范围，但肯定不能算是普通老百姓。

豪民、豪人、大户、巨室，这些在汉代的史籍中，大体指的是同一类人，后代统称他们为豪强大族。两汉包括后来的魏晋时期，很多重大的历史变故都和他们有关。

1. 西汉地主阶层的构成

西汉建立之后，地主阶层的构成其实相当复杂。新统治阶层的首要任务，就是对利益进行分配。既然国家最大的财富是土地，那必然要根据政治地位和身份等级的不同，进行土地财富的再分配，这就产生了贵族地主和军功地主。

从汉高祖刘邦到汉景帝刘启，在三代人的时间里，汉朝分封了46个刘姓王。另外还给27个刘氏子弟、25个皇室的外戚分封了侯爵。这些人就是贵族地主，政治地位是最高的，仅次于他们的是军功地主。同样是在这个时间段，有240人因为军功被封为列侯。不仅如此，汉朝还承认了秦朝的军功爵，对秦朝军功地主的利益也予以保护。

政治地位再低一些的就是官僚地主。作为实际运作国家机器的一群人，他们不可避免地要通过政治权力谋取经济利益。比如汉元帝时期的丞相匡衡，对，就是凿壁偷光的那个人，在掌权之后，给自己捞好处的积极性就很高。

再往下就是没有政治地位的豪强地主和工商业主。

2. 宗法制度与豪强起源

在先秦时期，靠血缘关系维持的宗法制度，把家庭和国家捆绑在一起。国和家互为对方的放大版和缩小版。人和人之间的等级该怎么排，政治权力和经济权力该怎么分，依据的核心原则就是血缘关系的亲疏远近。这种宗法思想反映到政治上，就是分封制度。

到了秦汉时期，在全国推行了郡县体制。国家政治的运作，不再依靠宗法制度。但是家庭关系的维持，还是宗法制度在起作用。在乡村地区，大宗族依然存在。他们以同族为核心，通过婚姻和乡党关系再聚拢一些人，形成一个在地方上有强大影响力的小集团。这个小集团再通过各种手段，兼并中小地主和自耕农的土地，就形成了最初的一批豪强。

3. 贵族官僚与豪强的关系

不管是贵族、功臣还是官僚，最终的归宿往往都是豪强地主。随着时间的推移，他们的后代，政治地位可能会逐步降低或者丧失，但是通过政治权力获取的经济利益和社会影响力会保留下来。然后他们的宗族就会在封地或者自己的家乡，发展成为新的豪强地主。一部分工商业主在受到告缗令等国家政策的打击之后，也会把资产转移到土地上，成为新的豪强地主。

豪强地主不断发展，在诸侯王被汉朝中央反复清洗之后，终于成长为一股强大的地方势力，开始逐步登上政治舞台。东汉的建立和毁灭，某种程度上就是豪强地主们的杰作。西汉开国集团，基本上以社会底层人员为主。而东汉开国集团相比之下有很大的不同，帮助刘秀建立东汉的云台二十八将，基本上都不是普通平民。东汉前期比较有名的人物，比如第五伦，比如马援，他们都是豪强大族出身。

东汉末年，在黄巾起义之后，东汉地方政府在各地豪强大族的支持下，以反对董卓掌权为由，脱离了朝廷的控制，开始了公开的割据。豪强势力或主动或被动，也纷纷参与到轰轰烈烈的军阀大混战当中。

4. 汉代豪强势力发展壮大的原因

汉代豪强地主逐步发展成左右国家命运的巨无霸，有两个基础条件：技术的进步和自耕农的破产。

西汉中前期，不仅是铁器使用范围逐步扩大的时期，也是农业技术不断进步的时期，标志性事件就是冬小麦的推广和耧车的发明。至少在战国时期，我国就已经有了成规模的小麦种植。但是在北方粮食主产区，主要农作物还是粟和高粱。到汉武帝时期，朝廷才开始有计划地在全国推广冬小麦。首先进行大规模种植冬小麦的地区是黄河下游，重点推广地区是关中。

除了亩产较高之外，冬小麦的播种和收获，还能躲开黄河的夏汛，而且可以充分利用漫长的冬季时间，提高土地的利用率。

汉武帝时期，国家已经开始感受到了人口增长的压力，特别是关中地区，已经变得人多地少。而新土地的开发已经到极限，那就只好尽可能地提高单位产量了。所以朝廷在继续扩大水利建设的同时，开始在关中推广冬小麦，希望能增加土地的单位面积产量。

光改善种植方式还不够，还得改善生产工具。

从大禹时代开始，先民们长期使用一种叫作耒耜的工具，它兼具挖掘和播种两种功能。后来耒耜分化出直柄和曲柄两类：直柄类又演变成铲、锹和叉，曲柄类则演化成了锄和犁。锄和犁保留了为播种准备的开沟功能，人们一直尝试让锄和犁在开沟的同时还能连续播种。到汉武帝末期，搜粟都尉赵过就在前代农具的基础上发明了耧车，解决了这个问题。

耧车的本质是一种使用畜力的机械条播机，同时具备开沟、播种和掩埋三种功能。耧车可以一次性把三道工序同步完成，小麦、大麦、粟、高粱都可以使用，工作效率成倍提高。直到 20 世纪 80 年代，我国部分地区还在使用畜力耧车。

随着技术的进步，让更少的人力去耕种更多的土地，成为一种可以谋取暴利的生产方式。有利可图，自然就会有人参与进去。不过也不是所有人都有条件参与。豪强大族和王公贵戚们，拥有足够的生产资料，比如耕牛和土地；拥有足够的人力，比如佃农和奴仆。他们就可以趁机提高产出，获取更高的利润，然后继续想办法获得更多的人力和土地，继续扩大生产，再获得更多的收益。

为了保证效率和方便监控，豪强地主们需要将人口尽可能地集中管理。同时为了安全、二次加工和流通方便，还需要为土地产出和手工商品的集中存储建造可靠的房舍。土地、耕牛、人口、财富等，最后都要集中在一起，或者集中在一个不大的范围内，然后以豪强的坞壁为中心，展开一系列工作。这就是庄园经济的由来和基本运作模式。

一个典型豪强地主的生活状态，在《四民月令》里能看到大致的轮廓。大体上可以概括成五个特点：

（1）占地广大

通过朝廷赏赐分封或者兼并，豪强地主占有了大量肥沃的土地。土地面积甚至可以大到以平方里来计算，而且土地往往临近湖泊、河流或者山林。

（2）自给自足

庄园以经营农业为主，同时兼营手工业、畜牧业，还能生产水果、蔬菜，甚至有自己的街市，实现了经济内循环。

（3）控制人口

要维持这么大量的生产工作，必须控制大量的人口。所以，豪强地主在兼并平民土地的同时，还用各种方式将大量平民变成自己的佃户或私人奴仆。

（4）武装割据

为了保卫庞大的产业和人身安全，豪强地主都不约而同地利用自己控制的人口，按照军队的编制组建私人武装，制造、储存大量的武器装备，并在农闲季节组织训练和演习。同时，修建带有壕沟和堡垒的据点，作为仓库和居住区，发展到后来就是魏晋时期遍地开花的坞壁。这些私人武装就是私人部曲的由来。

（5）宗族聚居

要控制这么多的产业，还要掌握家兵武装，豪强地主就把宗族组织起来，形成拱卫自己的核心统治阶层。《四民月令》的作者是崔寔，他的家族就是大名鼎鼎的博陵崔氏，诸葛亮的好朋友崔州平就是他的侄子。

革命性的技术进步不可能天天有。在这种情况下，要想获得更多的收益，只能扩大生产规模，这就需要更多的人口和土地。而这两个生产要素，豪强地主可以通过另外一种社会现象来获得，这就是自耕农的破产。

汉代自耕农破产的原因是多方面的，首先是豪强兼并。诸侯贵戚、豪强大族利用政治地位和特权对平民的财产强取豪夺，在汉景帝时期就已经是普遍现象了。其中常用的手段之一就是分田劫假。

为了应对大规模的流民问题，统治者不断地把政府掌握的土地重新分给平民，但是这个工作是需要通过各级政府来完成的。豪强们就通过自己的权势，把这些政府划拨的土地都控制在自己手里，再以高额地租的形式，出租给平民。

从历史记录中可知，汉代首次使用这个敛财套路的是汉武帝时期的酷吏宁成。他这么干的时候，距离西汉灭亡还有一百多年。分田劫假在汉代是一个长期广泛存在的问题，广泛到后来的王莽，也专门拿这个事来抨击汉朝。

自耕农的破产，另一个原因是税收负担问题。其实，汉初的田租税率是非常低的，甚至好些年都免租。不过对自耕农来说，田租并不是税务负担的大头。真正的负担来自各种赋，比如算赋，也就是人头税。

田租税率越低，对豪强们越有好处，因为他们的土地最多。而面对人头税，他们又有各种免税特权，即使要交税，他们也有途径转嫁税务负担。而对自耕农，问题就要严重得多。同样 100 钱的人头税，对一个豪强地主和一个自耕农来说，意义是完全不一样的。

下面咱们以五口之家 60 亩田为例，大致看看汉代农民的收支情况和税务负担的严重程度。

一般正常年景，60 亩田大约可以有 120 石的产出，能折合成 5000 钱左右。再加上纺织、禽畜养殖这样的副业，还可以有一些额外的收入。但是具体数字无法统计了。

五口之家一年的钱粮消耗：口粮 80 石，田租 4 石，食盐 229 钱，衣服 187 钱，更赋、算赋、口赋大约 706 钱，种子、农具和饲料大约 792 钱，祭祀往来和其他零散开支大约 208 钱，共计花费大约 5700 钱。加上额外的家庭副业收入，看上去似乎还能维持，但这只是一种理想情况。汉代的赋在八月份征收，而且本着轻徭薄赋的方针，都是把固定的税额拆分成很多期，民众可以分期缴纳。问题就出在这里。

田租用来支付官府的运作费用，算赋和口赋分别是成年男子和少年、儿童的人头税，更赋是避免到边境服役的免役钱。这三项都是用来承担国防开支的军费，即使是在和平时期，这三项费用的开支就已经超过了田租的 5 倍。随着对外战争越打越大，军费开支的规模也逐步扩大，除了原本的按人口征收的赋税之外，其他各种赋税也开始增加，而且征收的时间也开始变得很不确定。可能最青黄不接的时候，政府突然就要征收一整年的赋税。这种赋税征收违背农业生产规律的情况，在汉武帝时期开始变成一种常态。到这种时候，农民只好紧急出售自己的口粮，甚至耕牛和土地来换取现金，否则就得向豪强地主借高利贷。再加上战争和各种大型工程的需要，政府对徭役的加派越来越多，也会严重破坏自耕农的日常生产。如果再遇上天灾人祸或者豪强地主的逼债，那自耕农就只有破产一条路了。

不管因为何种原因破产，他们的土地最后都要落入豪强地主的手里。他们自己要么沦为豪强地主的佃农或者奴仆，要么就只能成为流民。

自耕农的破产，流民危机的产生，除了上述原因，其实农业技术的进步也算一个因素。后来者会欢呼前代的技术进步，但是对当时具体的个人来说，技术进步首先可能就意味着失业。有了更高效的生产技术和工具，就可以用更少的人开发更多的土地。长期来看，土地的开发速度，肯定跟不上人口的增长速度。

举个例子：以前是 100 人耕种 1000 亩土地，平均每人 10 亩；现在有 120 人，且 50 人就能耕种 1000 亩，平均每人 20 亩。如果不能在原来 1000 亩土地的基础上，再额外开垦出 1400 亩土地，那么就一定会有人被排除在生产活动之外，成为失业者。这些失业者，在乡村的表现形式就是流民；在城镇地区则很容易变成黑社会势力的后备军，比如恶少年。

随着牛耕、耧车、冬小麦种植推广等新技术在全国的普及，以全国经济核心区河东郡、河内郡和河南郡为例，东汉时期的人口密度比西汉时期下降了 40%。这说明在生产效率增加的情况下，有更多的人口脱离了原来的土地。这些人要么依附于豪强，要么成为流民。

技术进步，为庄园经济的集中生产方式制造了可能性；自耕农的破产，又提供了大量的土地和人口。豪强地主势力在这种环境的滋养下，持续发展壮大。

5. 豪强壮大所造成的社会问题

豪强的壮大至少造成了以下两个问题。首先是巨量的社会财富被他们截留。这些财富既不能被国家使用，也不进入社会流通，而是主要被用来维持豪强的社会地位和生活消耗。其次是破坏了基层行政组织。通过财富和武力手段，豪强们实际上已经控制了乡村政权，并且能左右郡县的行政工作。这一切给政治稳定和国家的财政，造成了严重的威胁。

为此，从汉景帝时期开始，朝廷就不断地使用酷吏担任地方行政长官，对地方豪强进行打击。到汉武帝时期，财政危机更加严重，朝廷就加大打击力度，成百上千个家族被连根拔起，数以万计的人被杀。朝廷继续推行徙陵制度，强迫豪强大族迁徙，斩断他们和地方的联系。但即使这样，新的豪强还是不断地冒出来。

6. 豪强问题的社会根源

豪强地主的强大生命力在于，在小农经济的大环境下，乡村社会总是存在自给自足的可能性。而扎根在乡村的宗族势力，只要一有机会，就总是想摆脱国家的控制，特别是想摆脱赋税和徭役的负担，关起门来自己过日子。

这种因为经济原因造成内在的分离倾向，在整个自然经济时代，无论中外一直都存在。到工业革命之后，也没有完全消失。

汉代豪强的不断发展，其实跟汉朝的国家制度也有关系。比如察举制，豪强势力的不断拓展，士族门阀的形成，都和这个选官体制有关系。常看国际新闻的朋友，对美国的旋转门体制应该不陌生。察举制发展到最后，和美国旋转门体制的内在逻辑，其实是非常类似的。士族和豪强通过察举制，可以完成身份的转换和轮回。

一个底层士人，通过察举制进入了官僚体系。假设他最后进入了中央或者晋升到了某一个等级，不用他背后指使，他的子孙、族人、乡党，也会成为之后察举的重点考核对象。等他退休或者辞官回家，利用掌握的政治影响力，他的家族在地方上逐渐有势力，开始对地方政府产生影响。利用对地方政府的影响力，以及在中央存留的各种人脉，这个家族的人又可以比较顺利地通过察举制再次进入官僚体系，一个轮回到此完成。等这个轮回持续两三代人，一个在中央和地方都具备强大影响力的家族，就这样诞生了。比如弘农杨氏，比如汝南袁氏，再比如后来的琅玡王氏，他们的发迹之路大体如此。

7. 豪强势力与汉朝的覆灭

地方豪强的身份给他们的家族提供经济基础，官僚士族的身份又给了他们保护和扩大家业的能力。到最后，一个具备长久影响力的士族，必然同时也是地方上的豪强势力。只要不被外力限制，通过围绕察举制的不断轮回，这些家族就能逐步把触手深入官僚系统的各个方面。所谓四世三公，门生故吏遍天下，就是这个意思。而谁控制了官僚系统，谁就在实际上控制了国家的运作。

等到了这一步，这些家族就开始把权力和国家当做私产。这样他们就和另外一个人产生了不可调和的冲突，这个人就是皇帝。皇帝扶持外戚和宦官为自己冲锋陷阵，士族就利用舆论的力量抱团去怼。汉代，尤其是东汉时期的很多政治事件根源就在这里。

当初西汉灭亡，豪强大族推出刘秀作为领头人重建了政权。到东汉末年，豪强大族们干脆自己赤膊上阵，比如汝南袁氏。袁术在淮南称帝，袁绍就去河北发展。从前，刘秀依靠河北的武装，重建了东汉。在一百多年后，袁绍也想利用河北豪强的力量，南下夺取全国政权。但是在黄河岸边的官渡，被挟天子以令诸侯的谯沛集团击败了。最后，由统率谯沛集团的曹氏完成了对皇权的替换。

豪强大族势力虽然对汉代的历史产生了深远的影响，但是这种影响是缓慢而又长期的。在汉武帝时代，豪强大族离把皇权玩弄于股掌之间，还有很大的距离。在汉武帝死后大约三百年，汉朝才走向终结。而汉朝最强大的外部对手匈奴，在汉王朝最终覆灭之前，就已经消散在历史中。我们有必要对汉匈百年战争的最后结局，以及汉匈双方的战略思想做个梳理。

第二十一章

汉匈百年战争的结局

公元前119年，漠北之战结束，两年之后霍去病就去世了。又过了三年，屡战屡败的伊稚斜单于也死了，他的儿子乌维成为新单于。从头曼单于开始算，这是第六代单于了。

乌维当上单于的第三年，汉朝派遣公孙贺和赵破奴各自带上一万多骑兵深入漠北，分别对燕然山地区进行战略侦察，结果一个匈奴人也没见到。第二年，公元前110年，汉武帝刘彻亲率18万骑兵抵达河套地区。汉朝派遣使者郭吉找到乌维单于，对他说：现在南越地区已经归属，如果单于想打，天子已经在边境等着了，否则你们还是投降吧，不要往北方苦寒之地跑了。乌维单于扣留了郭吉，但还是没敢找汉军决战。

到了公元前105年，当了十年单于的乌维去世了，他的儿子詹师庐成了新单于，因为年纪小也被称为儿单于。

1. 自然环境对匈奴战败后的影响

对匈奴来说，失去河西走廊和漠南地区所造成的恶劣后果，到这个时期开始逐步显现出来。《匈奴歌》高度概括了这一后果："失我焉支山，令我妇女无颜色。失我祁连山，使我六畜不蕃息。"

漠南的内蒙古地区，全年最高日均气温是 14℃；漠北的蒙古地区，全年最高日均气温是 7℃。漠南与漠北在纬度上相差近 10°，地理上由中温带转入寒温带、寒带。汉代的晁错形容漠北地区是"木皮三寸，冰厚六尺"。

严寒天气除了限制牲畜的繁衍和牧草的生长之外，更严重的是，在匈奴核心部族都迁移到漠北地区的情况下，失去了漠南和河西地区的补充，一旦遭遇大规模的寒潮或者干旱天气，核心部族抵抗天灾的能力将会急剧下降，进一步造成内部资源的枯竭。对于匈奴这样靠对外掠夺维持起来的游牧帝国来说，从外部获取更多资源的道路被堵死，那内部各种势力之间，面对越来越有限的内部资源，争夺将会更加激烈，匈奴的分裂就是这样一点一点开始的。

这种分裂的趋势，在儿单于上台的第一年就显现出来，这就是左大都尉的未遂政变。

乌维单于在位期间，汉匈之间虽然没有爆发大规模的战役，但是在私底下的较量那是一直都没停过。匈奴不断地派使者去汉朝，扬言要和亲，好骗取汉朝的物资援助。汉朝的使者到了匈奴，不断地进行策反和瓦解工作。到最后，汉朝派到匈奴的使者，如果是个儒生，匈奴就觉得是来搞策反的；如果是个年轻人，匈奴就觉得是来搞刺杀的。

2. 赵破奴军的失败

公元前 105 年，儿单于上台之后不久，匈奴遭遇了大雪灾，牲畜损失惨重。统治集团内部产生动荡，匈奴左大都尉主动联系汉朝，传达他想发动政变杀死儿单于，然后向汉朝投降，希望汉朝派军队接应的计划。

汉朝于是就在今天蒙古国南戈壁省的巴音布拉格地区，紧急修建了一座受降城，作为汉军的前进基地。在第二年，公元前 104 年春天，赵破奴带着两万骑兵，从朔方郡出发去浚稽山接应左大都尉。

漠南战败后，迫于生存压力，匈奴向西和北两个方向收缩防线。由于地理环境的原因，退往漠北方向的匈奴人，只有退到杭爱山和克鲁伦河以北地区，才能找到足够养活部族的草场。这一退就是六百公里，让原来处于腹地的燕然山一下子变成了前线，而位于鄂尔浑河和图拉河之间的浚稽山地区，就成了匈奴防御汉军的第一道防线。汉武帝后期，汉朝发动的多次进攻作战，都围绕着这个地区展开。

赵破奴按照约定抵达了浚稽山，但是没有接到匈奴左大都尉。在返回的路上，他开始遭到匈奴人围攻。原来，左大都尉的政变计划被发现了，儿单于处死了左大都尉，并发兵进攻撤退中的汉军。

在离受降城四百里的地方，汉军被匈奴八万骑兵包围。赵破奴在夜里出营寻找水源的时候，被匈奴人俘虏了。剩下的汉军军官害怕回到汉朝之后，会因为没有保护好主帅被诛杀，所以不敢突围。在匈奴军的围攻下，汉军全军覆没。

在同一时期，进攻大宛的李广利也几乎全军覆没。此时汉朝刚开始进兵西域。在权衡利弊之后，刘彻决定先集中力量进攻大宛，稳定西域。

3. 天山之战

儿单于全歼汉军赵破奴所部之后，还趁势进攻了受降城，但是没有成功。他在第二年准备再来一次，不过走到半路就病死了。由于儿单于的儿子都太小，就由儿单于的叔叔，也就是伊稚斜单于的另一个儿子句黎湖做了新单于。

句黎湖只干了一年也死了，由句黎湖的弟弟且鞮侯接着当单于。这时候汉朝已经结束了第二次大宛战役，正准备再次对匈奴用兵。且鞮侯单于赶紧摆出服软的样子，想躲过去。刘彻派使者带着很多财物去匈奴了解情况，看到且鞮侯单于还是很骄横，决定继续推进军事行动。

公元前 99 年夏，李广利率领三万骑兵，从酒泉郡出发进攻天山东部地区的匈奴右贤王部，俘斩了一万多人。汉军在返回的时候遭到匈奴的围攻，多亏了随军的赵充国带着一百多人对匈奴实施反冲击才打开突破口。汉军最终以六成以上的阵亡代价突出了包围圈。

在李广利进兵天山的同时，为了策应李广利，牵制匈奴的兵力，汉军路博德所部和公孙敖所部从西河郡（今陕北地区）出发，兵分两路向涿邪山方向挺进。两军一无所获，之后退回了受降城。

到了九月，李陵带着五千步兵从居延海北上，按照预先制定的计划向浚稽山方向搜索匈奴军队。行军到浚稽山，刚好撞上且鞮侯单于亲率的匈奴主力。汉军边打边撤，始终无法摆脱敌军。经过惨烈战斗，汉军最终全军崩溃，李陵向匈奴投降，只有四百多人突围而出。

对于这次战败的事后处理，司马迁很意外地也卷了进去。这就是"李陵事件"。关于这次事件，咱们后面单独说。

4. 第二次漠北之战

李陵战败两年后，公元前97年，汉朝集中了七万骑兵和十三万步兵，再次进兵匈奴。鉴于前几次围绕浚稽山的作战全部失利，这一次汉军决定从东部绕过浚稽山，直接向北进攻单于庭，寻找匈奴主力进行决战，统帅还是李广利。这次是卫青、霍去病漠北大战胜利之后，汉朝发动的第二次漠北决战。

得到消息之后，匈奴方面将辎重和部族全部撤过今天的图拉河。由且鞮侯单于亲率十万主力部队在图拉河以南迎击汉军。双方刚一交战，李广利就带着部队撤退了，汉军经过十几天的连续战斗才脱离和匈奴军的接触。这一次主力决战的计划，最终破产。

第二年且鞮侯单于就死了，他的儿子被拥立为狐鹿姑单于。此时匈奴的力量有所恢复，就加强了对汉朝边境的袭击。

5. 第三次漠北之战

到了公元前90年，汉朝再次进攻匈奴。

三月，李广利率兵七万从五原郡出发，向浚稽山方向进攻；商丘成率兵三万从西河郡出发，向涿邪山方向进攻；马通率四万骑兵从酒泉郡出发，向天山方向进攻。

最后的结局是，马通军团没有和匈奴军交战，全身而退。商丘成军团在返回的路上遭遇三万骑兵的合围，经过九天的战斗，匈奴军损失惨重，被迫撤退。

李广利军团刚开始进展顺利，在夫羊句山击败了匈奴军，攻占范夫人城。这时候，汉朝前一年爆发的巫蛊之祸持续发酵，李广利的家族也受到牵连。为了争取更大的军功挽救家族，李广利选择孤军深入，汉军一口气突进到了今天的色楞格河，还在色楞格河以北击败了匈奴两万骑兵。但在返回的时候，在燕然山地区被匈奴五万骑兵围困，最终全军覆没，李广利向匈奴投降。在投降一年多之后，李广利被匈奴人当成祭品杀掉了。

这是汉武帝时期，汉朝发动的最后一次大规模对匈作战。三年之后，汉武帝就去世了。

6.后期对匈奴作战不利的原因

在汉武帝执政的最后 14 年，汉朝对匈奴发动了三次大规模攻势，不仅全部失利，还多次出现了全军覆没的情况，光是有明确记录的损失人数就在十万以上。造成汉军几次大规模战役，损失很大，战果却很小的原因，除了汉朝的国力消耗严重和将领问题之外，还有作战距离和互相适应的原因。

随着匈奴逐步向西北方向退缩，汉军的进军路线也在向这个方向延伸。作战距离越来越长，作战地区越来越远离本土，特别是几次大规模的主动进攻，基本上都是在没有补给线的情况下孤军深入。

随着作战经历的增多，或主动或被动，不断地有匈奴人投向汉朝，也不断地有汉朝人投向匈奴。汉军在学习匈奴人，匈奴人也在学习汉军。匈奴军对汉军的战法越来越适应，到匈奴军在燕然山围攻李广利大军的时候，就已经可以使用土工作业的方式，通过挖掘交通壕，秘密靠近汉军营寨，然后突然发动进攻。

在汉武帝末期的几次大会战中，匈奴取得了一次比一次更大的战果。但是，这一场接一场的胜利，已经快让匈奴活不下去了。

7. 汉朝对匈奴的消耗战

从龙城之战开始到汉武帝去世，在四十多年的时间里，汉朝维持了对匈奴连续不断的攻势。胜利了要接着进攻，失败了更要接着进攻。汉朝始终不给匈奴留出较长的恢复时间，从刚开始把进攻时间选在春季，到后来不分春夏秋冬随时对匈奴保持攻势。

汉军的进攻，严重扰乱了匈奴的生产生活。为了应对汉军的进攻，匈奴动不动就要对整个部族进行战略转移。汉武帝末期，汉军数次深入匈奴的腹地，刚开始匈奴取得胜利的地点是自己的"家门口"——浚稽山。到最后，取得胜利的地点就变成了自己的"卧室"——燕然山。

李广利军团的最后一战虽然失败了，但是他们从北纬40°一口气打到了北纬50°，扫荡了整个蒙古高原。匈奴虽然最后取得了胜利，但是在整个夏季，为了躲避汉军，不得不整部迁徙。就算人尚能忍受，牲畜也克服不了这个问题。

畜牧业有自己的固定规律，母畜在春季发情受孕，经过夏季的营养补充，在后半年生产。为了给牲畜提供足够的食物，还需要根据季节的不同，逐步转换草场。要维持种群数量，要实现种群增长，这个生产链条就不能受到干扰。汉军发动的每一次主动进攻，无论成败，都会打断这个链条。一户普通的牧民，需要维持100头以上的羊群，才能基本满足生活需要。这是一种非常消耗人力的工作。为了应对汉军的进攻，匈奴要经常动员大量的牧民参与战斗，不管战果如何，都会有相当数量的牲畜失去管理。

更为严重的是，匈奴无法从这样的战斗中获取任何收益。即使国内有几十上百万流民挣扎在死亡线上，汉朝还是在坚持进攻，目的就在于要把战场固定在匈奴的土地上，让匈奴人去承受战争对生产秩序的破坏。当战争在自己的土地上进行的时候，即使全歼汉军，匈奴也无法获取更多的收益，更无法弥补经济上的损失。

到汉武帝去世的时候，匈奴人已经极度疲惫困苦，情况严重到了无法保证受孕的牲畜正常生出幼畜的地步。从单于本人到普通的牧民，匈奴人普遍开始产生厌战情绪。

到此为止，汉朝终于算是把匈奴打倒在地了。

8. 匈奴的分裂和消亡

汉宣帝本始二年，公元前 72 年，汉朝包扎完自己的伤口，决定对匈奴再补上一刀。这一年，汉朝动员了十六万骑兵，分五路进攻匈奴，同时派遣常惠统率五万乌孙骑兵从背后夹击。匈奴人再一次驱赶牛羊开始逃亡。

当他们在这一年的冬天准备偷偷报复乌孙的时候，又遭遇了寒潮和暴风雪，只有十分之一的人和牲畜活了下来。这时候，北部的丁零、西部的乌孙、东部的乌桓都开始起兵蚕食匈奴人的领地。几万匈奴人和数以万计的牲畜被杀死，牲畜的死亡又造成了严重的饥荒，剩下的人里又有三成被饿死。从此之后，匈奴分崩离析了。一部分匈奴人开始南迁到汉朝边境，归顺汉朝；另一部分匈奴人则向更西部的地方迁徙，彻底脱离汉朝的视线。二十一年后，公元前 51 年，汉宣帝甘露三年，匈奴已经分裂成了南北两部分，南匈奴呼韩邪单于在这一年亲自到长安朝觐天子，表示臣服。

最后给匈奴的棺木钉上钉子的人叫窦宪，当时已经是东汉了。公元89年，汉和帝永元元年，窦宪率领由羌人、南匈奴和汉军组成的联军，在燕然山击败了北匈奴主力。北匈奴八十一个部落，一共二十多万人投降了汉朝。

公元151年，最后一个盘踞在巴里坤湖地区的匈奴部族呼衍王部，被汉军击败向西逃跑。从此之后，北匈奴作为一个游牧集团，消散在历史中。

从白登之围开始，历经了351年的时间，汉朝终于在汉匈战争中笑到了最后。不过也笑不了太久了，四年之后，曹操在豫州刺史部的沛国谯县出生了。

9. 我们为什么叫汉人

在窦宪北伐匈奴的队伍中，有一个担任参谋工作的中护军，这个人叫班固。在击败匈奴单于之后，窦宪想把这次的功绩刻在燕然山上，就让班固写了一篇铭文。铭文的最后一段，可以算是汉朝方面对整个汉匈战争所做的最终总结。

班固说道："蹑冒顿之区落，焚老上之龙庭。上以摅高、文之宿愤，光祖宗之玄灵；下以安固后嗣，恢拓境宇，振大汉之天声。"大意是如今踏着冒顿单于的土地，焚烧老上单于的龙庭。对历史，可以洗刷三百多年前匈奴对汉朝的羞辱；对未来，可以为后代子孙创造一个安定的环境。交给后来者的将是一个疆域更加广大，汉朝的声威远播四方的世界。

2017 年，中蒙联合考察队确定了今天杭爱山中的一块摩崖石刻，就是当年班固留下的《封燕然山铭》。这些斑驳的文字，在 1900 多年的时间里，一直面向南方，遥望着中国的风风雨雨。

对生存资源和发展空间的竞争，贯穿人类的全部历史。不同的国家和民族，对竞争都有自己的一套思维逻辑。我们可以把这些战略对抗的思路，笼统地分成两大类：

第一种，一方付出一元钱，然后希望从对方手里收获两元钱。

第二种，一方付出一元钱，然后迫使对方也付出一元钱或者更多。

汉朝的思路就是第二种，匈奴的思路就是第一种。当匈奴的人口和牲畜在蒙古高原上冻饿而死的时候，汉朝也有几十上百万的流民挣扎在死亡线上。这些流民的人数甚至可能比匈奴的总人口还要多。即使在最困难的时候，汉朝也没有完全停止对匈奴的进攻。

或许有人会问，为了打败匈奴，付出这么大代价值得吗？

那胜利和尊严你还要不要呢？

这两个问题本质是相同的。因为胜利必有牺牲，尊严不是无代价的。

生存和发展是一场战斗，所有的参与者都要付出自己的血汗，这一点是无法改变的，但是参与者可以选择付出血汗的方式。你可以选择在战斗中付出，也可以选择躺在地上让别人任意拿走，还可以选择用双手奉送给别人。所有的国家都要在这个问题上做出选择。汉朝所做的选择，让他的国号成为一个民族永远的名字。

第二十二章
血战浚稽山

在汉匈战争中，汉军有过一系列的失败。其中知名度最高的一次败仗，就是李陵的浚稽山之战。这次战败虽然是历次失败中损失人数比较少的，但是却把司马迁卷了进去，于是让这次战败的知名度，远远超过了战役本身在军事上的意义。

1. 李陵的早年经历

在说战役之前，咱们先来看一下李陵的个人情况。

公元前 119 年，李广在漠北之战结束后自杀了。李广有三个儿子：李当户、李椒和李敢。李当户和李椒在李广死之前就去世了，李陵是李当户的遗腹子。李陵出生的时间，在公元前 134 到前 132 年之间，比司马迁小一到三岁。

李陵在少年时代就进入宫廷担任了郎官，当时霍光、司马迁、苏武也都是郎官。霍光、苏武两人和李陵的关系还很亲密。后来李陵从郎官升任了建章监，这个岗位之前卫青也干过。

李陵擅长骑射，为人也很谦逊，汉武帝认为他有李广的风范。在赵破奴进兵楼兰和车师的时候，就让他带着八百个骑兵，从居延海出发对匈奴进行侦察。当年霍去病军事生涯的起点也是带着八百个骑兵孤军深入。和霍去病不同的是，李陵这次带着八百人深入敌境两千里，但没有遇到匈奴人，然后顺利返回了。这一年李陵大约 25 岁。

回来之后李陵晋升为骑都尉。骑都尉在汉代是一个秩比二千石的职位，仅次于两千石的郡守。骑都尉是中级军官晋升到将领的重要环节，后代的曹操、公孙瓒都担任过骑都尉。晋升到骑都尉之后，李陵带着五千人担任河西地区的战略预备队。后来汉朝征伐大宛，李陵还作为后续部队，出玉门关接应过李广利。

2. 浚稽山之战的起因

公元前 99 年，李陵 34 岁左右的时候，汉朝准备进攻匈奴的右贤王部。初步的计划是：李广利带着三万骑兵从酒泉郡出发，李陵统率辎重部队担任李广利的后军。为了分散匈奴的兵力保护李广利的右翼，让驻扎在居延海的路博德和驻扎在西河郡的公孙敖，一起夹击涿邪山地区。

为了部署计划，李陵被召回到长安，汉武帝亲自在武台殿向他布置任务。像是宿命的轮回，二十年前熟悉的一幕又出现了。当年为了参加漠北战役，争取最后一个封侯的机会，李广数次向汉武帝请战。这一次已经在河西待了快十年的李陵，也想争取一个独立领军的机会。他对汉武帝说：我统率的都是丹阳郡的勇士，能徒手和老虎搏斗。我愿意单独领军进攻兰干山，分散单于的兵力。

丹阳郡的主体部分是今天的皖南，还包括江苏的南京和周边地区。兰干山的位置按照清代胡林翼的说法，应该就在今天蒙古国的后杭爱省地区，离赵信城不太远。

面对李陵的请战，汉武帝说：你们是谁也不想给别人打下手啊。这一次出兵太多，我没有骑兵给你呀。李陵的回答是：不用骑兵也可以，我愿意带着我的五千步兵以少击众，打到单于庭去。从这个回答就能知道，李陵立功心切，太着急了。区区五千步兵，怎么以少胜多，以弱胜强，去打匈奴骑兵呢？更遑论打到单于庭去。也许是祖辈封侯的夙愿压得他喘不过气来，他太渴望独当一面，建功立业了。

最终汉武帝被李陵的胆识和气魄所感染，同意了李陵的请求，同时安排路博德接应李陵。

3. 汉军的内部矛盾和作战计划调整

李陵获得了单独领军的机会，没有跟着李广利去天山。在天山之战结束之后，出击涿邪山的路博德和公孙敖一无所获，各自返回了驻地，李陵的行动就被提上了日程。

李陵不想给李广利打下手，路博德也不想给李陵当后军。他给汉武帝打了一个报告：快到秋天了，不适合打匈奴，不如等到明年春天，我和李陵一起出兵。

看到报告，汉武帝认为是李陵害怕了，所以才鼓动路博德上书，请求推迟进攻时间。汉武帝很生气，就对路博德说：我本来是想给李陵一些骑兵的，是他自己说可以以少击众。现在匈奴人的反击已经打到了西河郡，你不愿意当李陵的后军，那就带着部队去西河郡吧。

由于掩护部队没有了，汉武帝对李陵的计划进行了调整：放弃直捣单于庭，把进攻地区改在了浚稽山和龙勒水之间，将进攻任务变成了侦察任务。还特别说明如果一无所获，就全军撤退到受降城休整。沿途的侦察情况，要通过骑兵及时向长安报告。

4. 李陵军团的编制和后勤

就这样，经过一番波折，李陵在九月从居延海出发，开始向北挺进。

李陵率领的五千人是步兵。这里所说的步兵，并不是说所有人都是徒步行军。兵种的划分，主要的依据是战斗方式而不是行军方式。李陵军团是一支由步兵、骑兵和战车混编的部队。它们的组成比例是多少，现在已经不得而知了。但是，车辆的数量可以根据所携带的后勤物资，进行简单推算。

在汉代，军队在作战时一般以 30 天为一个周期来进行后勤准备。按照赵充国的计算：一个士兵每月要消耗口粮 2.66 石到 3 石。关于每石折合成多少公斤，历来争议很多。我们按照最低的标准每石 15 公斤来计算，则每个士兵只计算口粮，每个月要消耗 45 公斤上下，5000 人共计每月消耗约 22.5 万公斤。

按照《居延汉简》的记录，一般单个车辆可以运粮 25 石左右，则光是运粮食就需要至少 600 辆车。考虑到直到战败，汉军都没有出现断粮的情况，故汉军可能携带了两个月甚至三个月的口粮。此外，军队的甲胄、箭、帐篷、牲畜的口粮，包括部分的饮用水，也要军队同时携带。这些物资大部分也要使用车辆来运输，因此，李陵军团的车辆应该超过 1000 辆。

5. 李陵军团的作战经过

李陵军团经过 30 天的行军，抵达浚稽山，在山谷中扎营。李陵把沿途的地理情况做成地图，让一个叫陈步乐的骑兵带回了长安。陈步乐还告诉汉武帝，军队在李陵的带领下军心、士气都很高。汉武帝非常高兴，让陈步乐做了郎官。

但是陈步乐刚走，且鞮侯单于就带着三万匈奴军，向李陵军团发动了进攻。汉军用车辆围绕营地，阻挡匈奴骑兵的冲击，然后在正面方向让盾牌兵拿着长戟，掩护后面弓弩手进行射击，一下子击溃了匈奴人的冲锋。匈奴人往两边的山上跑，被汉军追上，杀死了几千人。且鞮侯单于赶紧动员了八万人参加对汉军的围攻，李陵边打边撤。经过十几天的战斗，战场转移到夫羊句山附近，匈奴人抢先占据了山区。

这个时候汉军面临两个选择，要么继续向东南走，往受降城靠拢。要么穿过夫羊句山，回到居延海地区。但是往受降城靠拢，还需要再经过两百公里左右比较平坦的地区。可能是为了抵消匈奴的骑兵优势，李陵选择穿过山区，向居延海靠拢。

汉军对夫羊句山发动仰攻，冲入山林和匈奴军搅在一起，甚至差点就杀死了且鞮侯单于。这个时候匈奴方面已经开始动摇，且鞮侯单于甚至怀疑李陵军团是汉朝派出来的诱饵，想把匈奴主力引诱到边境附近进行伏击。

汉军冲过了夫羊句山，战斗更加惨烈，每天要打退匈奴的几十次进攻。匈奴终于对作战失去了信心，准备撤退。这个时候，汉军一个叫管敢的军候，因为受到校尉的处罚，就投降了匈奴。他把汉军已经减员四成而且没有援兵的情况，告诉了匈奴人，一下子坚定了匈奴人的作战信心。

匈奴加紧围攻汉军。就这样，汉军还是前进到了鞮汗山。这个时候战斗激烈到汉军在一天之内就把剩下的 50 万支箭全部用光。

汉军在作战时，每个弓弩手的配箭基数是 50 支。汉代已经逐步普及铁箭头，但是在居延海地区还是以铜箭头为主，汉代铜箭头的平均重量是 17 克。居延海也属于李陵驻扎的张掖郡，那么李陵的这支军队所使用的可能也主要是铜箭头。汉军耗光了箭矢，就抛弃车辆，士兵拆下车轮的辐条当武器，军官拿着一尺长的短刀参加战斗。汉军最后被匈奴人围困在鞮汗山的峡谷里。这时候，经过半个月以上昼夜不息的战斗，作为全军统帅的李陵，精神压力已经到了崩溃的边缘。

在黄昏之后，李陵脱下军服独自走出营地，说道：你们不要跟着我，我一个人去杀了单于！过了很久他才回来，对大家说：兵败，死矣！大家劝他说：当年赵破奴也是被匈奴俘虏了，后来跑回汉朝，天子对他也很客气。李陵说：你们别说了，我如果不死，就不配叫壮士！

最后大家决定突围。为了不成为匈奴的战利品，汉军把旗帜都砍断，把贵重物品都埋起来。残存的汉军在半夜分散突围，李陵和校尉韩延年骑上马一起走。面对数千匈奴军的追击，韩延年战死，李陵向匈奴投降。汉军有 400 多人突围成功，回到了居延海。

6. 李陵军团无人接应的原因推测

李陵军团从出发到全军覆没，大约一共经历了 50 天的时间。其中前 30 天都是在向北行军。陈步乐离开浚稽山回到长安，即使他抄近路从受降城方向走，那也有 1500 公里的路程，就算他每天都骑马跑上 100 公里，也要连续狂奔 15 天。故当他到达长安的时候，李陵军团离全军覆没，就只有几天的时间了。

在李陵九月出发之前，原先驻扎在居延海的路博德，就已经被调往了西河郡。在李陵撤退到鞮汗山的时候，居延海地区可能没有主力野战部队，无法对李陵军团实施救援。

路博德在这两个月时间里，是否从西河郡返回了居延海，或者是否有其他野战部队接替路博德所部进驻居延海，史书没有记录。不过有一个现象可以说明一些问题。在李陵战败之后，除了李陵的家族和受到牵连的司马迁之外，不管是居延海方面、张掖郡方面，还是路博德，没有任何人因为见死不救而受到处罚。

实际上，在李陵准备出发之前，匈奴人就已经在袭扰河套地区了。汉朝开始往河套地区增兵，路博德就是其中的一部分。

当初为李陵军团规划好的撤退路线是受降城方向。李陵军团在撤退的路上始终没有得到支援，原因可能有两种：一是在路博德拒绝之后，汉朝就不再为李陵军团准备接应部队；二是汉朝为李陵军团的撤退做了一些准备，但是地点是在受降城方向。

就汉朝对军事工作的重视程度来看，第二种的可能性比较合理一些。实际上，自从赵破奴因为没有援兵而全军覆没之后，除了李广利故意裹挟部队的那一次失败之外，汉军在和匈奴的作战中，就再没有因为援兵问题而发生全军覆没的情况。

7. 司马迁为李陵辩护

汉武帝先是收到李陵一切顺利的回报，但没过几天，张掖郡方面就报告李陵军团全军覆没，又没几天，李陵投降的消息传到了长安。

汉武帝大怒，责问陈步乐。这个来回奔波了几千里的人无言以对，自杀了。就在朝廷的官员也都一起谴责李陵的时候，汉武帝专门召见了司马迁，询问他的意见。

司马迁极力替李陵辩护，他说：李陵对亲人孝顺，对士人有诚信，敢于为国家出生入死，有国士之风。今天他办了一件不幸的事情，那些贪生怕死只顾保全身家性命的臣子，便任意构陷，夸大他的罪过，是令人痛心的。况且李陵只率领不到五千人的步兵，长驱直入到达匈奴腹地，他虽然失败被俘，然而他所取得的战绩，也足以光耀天下了。李陵之所以不死，是想在适当的时机来报效汉朝。

这一段辩护，给司马迁带来了杀身之祸。

8. 司马迁卷入李陵事件的原因推测

司马迁为什么要替李陵辩护呢？

要回答这个对司马迁的人生具有转折性意义的问题，就首先要回答另外一个问题：汉武帝为什么要问司马迁呢？

司马迁在《报任安书》里明确地说了，是汉武帝专门找他并询问他的意见。那么，在满朝公卿大臣都谴责李陵的情况下，汉武帝为什么私下还要单独询问司马迁的意见呢？

关于这一点，目前有两种解释：

解释一：司马迁并不只是一个太史令那么简单。

司马迁于公元前135年出生在今天的陕西韩城地区。司马迁的先人最早是东周的史官，在晋文公时期迁徙到今天的陕西韩城。他的八世祖就是为秦国夺取巴蜀的司马错。当年武安君白起坑杀四十万赵军的时候，他的六世祖司马靳（《汉书》为"蕲"）就是白起的副手。在白起被赐死的时候，司马靳也同时死在了白起的身边。在司马迁出生的这一年，他的父亲司马谈被任命为太史令。

司马谈本身是一个史学家，他的《论六家要旨》，对阴阳、儒、墨、名、法、道等六种先秦时期最有影响力的思想流派，进行了归纳总结，指出了六家各自的特点和问题。即使到现在，阅读《论六家要旨》也是了解先秦诸子学说最快捷的途径之一。

司马谈意识到汉朝的建立对历史所产生的深刻影响。他说：周公之后五百年出现了孔子，孔子之后五百年到了汉朝，也该有人出来对历史进行总结，该有人出来延续这五百年间的思想和文化。这就是编纂《史记》最早的动机来源。在司马谈死后，司马迁继承了这种使命感。

司马迁成为太史令之后，在公元前 104 年，开始着手《史记》的编纂工作。这一年他 31 岁。

太史令不是一个单纯整理和记录历史的官职，还要负责天文工作和档案管理。司马迁就参与了《太初历》的制定工作，在太初元年（公元前 104 年）以前，汉朝是以每年的农历十月为新一年的开始。《太初历》改为以正月为新一年的开始，《太初历》正式把二十四节气和一年的十二个月匹配起来。这种对应方式一直使用到今天。《太初历》还把一个回归年精确到了 365.2502 天，这个数值只比今天的精确值多了大约 0.008 天。在汉武帝向东方朔介绍自己身边人才的时候，司马迁的名字也在其中。可见司马迁不是一个无足轻重的角色，汉武帝询问他对李陵事件的看法，也在合理的范围内。

解释二：司马迁是李陵此次出征的举荐人。

这种观点认为，在李陵向汉武帝请求单独领军之后，是司马迁利用皇帝近臣的身份，趁机向犹豫中的皇帝举荐了李陵，最终促成了李陵单独领军深入敌境。

司马迁对李氏家族祖孙三代的欣赏是溢于言表的，即使受到李陵牵连惨遭宫刑之后，司马迁在《报任安书》里，还是没有改变这个看法。

东汉卫宏《汉旧仪》和东晋葛洪《西京杂记》：后坐举李陵，陵降匈奴，故下迁蚕室。

唐朝张守节《太史公自序正义》：太史公举李陵，李陵降也。

以上资料都明确说了司马迁举荐过李陵。"选举不实"作为一项罪名，从秦朝一直延续到了汉朝，被举荐的人犯了法，举荐人也要受到牵连。在李陵战败投降的消息传来之后，汉武帝专门召见司马迁这个举荐人，询问他对整个事件的看法。如此，则汉武帝单独召见司马迁询问意见的行为，就比较合理了。

以上两种解释，不管真实情况是哪一种，或者都不是真实的，司马迁都绝对没有想到，朝廷最后给他定下的罪名是诬罔。诬罔的意思就是欺骗。定罪的最主要依据，就是司马迁为李陵辩护的最后一段话：李陵之所以没有死，是想找机会报效汉朝。

司马迁用生命为李陵做了担保，但是事情的发展远远超过了他的想象。

9. 司马迁受宫刑始末

在《汉书》里，司马迁为李陵辩护之后，立刻就被判了宫刑。其实司马迁从为李陵辩护到最终惨遭宫刑，至少间隔了两年。

在司马迁为李陵辩护之后，从事情的发展看，汉武帝实际上接受了司马迁的意见，也没有急吼吼地处置李陵的家人。不仅如此，公元前

97 年，在李陵投降一年多之后，在汉军又一次大规模进攻匈奴的时候，汉武帝还专门交代公孙敖，让他趁机把李陵从匈奴接回来。结果公孙敖和左贤王交战不利，只得撤回。他回来以后对汉武帝说：我们抓住的俘虏说，李陵教单于用兵之法防备汉军，所以我们无功而返。

既然已经有证据证实了李陵已经真的投降，那对汉朝来说剩下的就是法律问题。不管是《史记》还是《汉书》，投降和被俘都是完全不同的两回事，在法律上的严重性也完全不同。《汉书·匈奴传》关于汉朝将领是被匈奴俘虏还是投降匈奴，是有明确区分的：李广，生得；赵破奴，生得；李陵，降匈奴；李广利，降匈奴。在汉代，无论将军还是士兵，在出征的时候家属都会自动成为国家的人质。《二年律令·贼律》第一条就规定了：投降和谋反同罪，所有直系亲属无论男女老幼都要被处死。

除了谋反这样的重大事件之外，汉代一般对囚犯的行刑时间，在后半年的霜降到冬至之间。在"确定"李陵投降匈奴之后，李陵家族应该在天汉四年（公元前 97 年）十一月左右被族诛。

后来汉使在匈奴面见李陵，才把事情搞清楚。在李陵投降匈奴的同一时期，确实有一个人在给单于出谋划策，这个人叫李绪。李陵字少卿，李绪的字也叫少卿。而且李绪在投降匈奴之前也是个都尉，所以被俘的匈奴人说有一个李少卿在教单于防备汉军是没有问题的。坏就坏在用少卿作为字，在汉代是个普遍现象。《报任安书》里的任安、汉宣帝的丞相丙吉，他们的字都是少卿。

从俘虏的嘴里证实了李陵已经"投降"，那司马迁所做的保证，自然也被当成了欺骗皇帝的谎言，所以，司马迁以诬罔罪被判了死刑。诬罔罪在汉代的起刑点就是死刑。

从汉景帝时期开始，除了重大案件的罪犯或者皇帝就想让他死，一般的死刑犯在行刑之前，可以选择花钱免死或者接受宫刑。司马迁在《报任安书》里明确说了自己家里穷，朋友、同事也没有一个肯帮忙的，为了《史记》他只好选择了宫刑。

10. 李陵和苏武，你会怎么选

李陵投降之后，单于把女儿嫁给了他，封他为右校王。公元前90年，在李陵投降匈奴九年之后，汉武帝最后一次大规模进攻匈奴。李陵带领匈奴军队围攻汉军商丘成军团，激战九天没能全歼汉军。

李陵一共在匈奴生活了25年。他在这段时间的历史记录，基本上都和苏武有关系。

苏武是苏建的儿子，他在李陵浚稽山之战的前一年，公元前100年，带队出使匈奴。因为副使张胜私自谋划企图劫持且鞮侯单于的母亲，整个使团都被匈奴扣留。匈奴企图趁机逼迫苏武投降，就把他流放到贝加尔湖地区，并用了各种办法折磨他。匈奴人不给他粮食，他就挖田鼠的洞穴，吃里面的野草种子，始终没有屈服。

李陵投降匈奴之后，不敢去见苏武。过了很久，李陵接受单于的指派劝苏武投降。李陵就对苏武说：单于是诚心对待你，反正你也回不到汉朝了，你的信义也没有人知道，还要坚持不投降，那不是白白受苦吗？你的兄弟、母亲都已经死了，你的妻子已经改嫁，你家里的两个妹妹和儿女也不知死活。现在皇帝年纪大了，经常有大臣被杀，你现在还要坚持是为了谁呢？李陵反复劝说，苏武还是没有屈服。

苏武坚持了十九年，到公元前81年，终于被汉使接回了长安。当年的使团同样坚持了十九年没有投降的，只有九个人活了下来。其中一个人叫常惠，在回到汉朝九年之后，他统率乌孙的军队重创了匈奴。

在苏武临行之前，已经五十岁的李陵流着泪和苏武做最后的告别。他对苏武说：你现在回去，功勋要显扬了。这么多年了，我一直耿耿于怀的是，如果朝廷当年能暂时赦免我的罪过，保全我的母亲，我是有可能将功赎罪的。后来全家被诛杀之后，我对汉朝就没有什么可留恋的了，如今说什么也晚了。我只是想让你知道我的心情，现在我们就要永别了。

作为李陵的老同事和老朋友，霍光曾经派人出使匈奴，想接李陵回来。面对汉使，李陵摸着自己已经梳理成匈奴人样式的头发，说道：吾已胡服矣。

这是史书关于李陵的最后记录，当李陵在元平元年（公元前 74 年）病逝于匈奴的时候，司马迁和汉武帝已经去世 13 年了。

11. 汉武帝和司马迁的思想冲突

真实的历史已经成为过去，我们现在只能透过发黄的纸页去揣测当时的实际情况。看待世界的方式不同，看待问题的角度不同，自身所处的立场不同，会让不同的人对同一片发黄的纸页，勾勒出对历史千差万别的想象。

李陵事件是一场悲剧。它悲剧的地方就在于，涉及其中的主要人物，都做了自己认为正确的事情，结果却制造出一个谁都不想要的结局。作为后来者，我们在看待李陵事件的时候，比起当事人责任划分的问题，思想的冲突更值得我们关注。这种思想的冲突就集中在司马迁身上。

事件发生之后，在皇帝和官僚系统的眼里，首先是司法如何处理的问题，重点在于对已经发生的事情进行功过赏罚的判定。而在司马迁为李陵所做的辩护词中，侧重点是人的品格和士大夫的精神，重点在于追溯过往的历史，构想可能发生的未来。

有些人在面对李陵事件的时候，喜欢将关注的重点放在司马迁的宫刑上，然后通过宫刑来阐发各种议论。其实，这恰恰是基于本能的生理冲动，将性和生殖话题特殊化。

宫刑不是针对司马迁的产物，司马迁惨遭宫刑和他的文人身份、史官身份也没有任何关系。司马迁的遭遇，是那个时期司法程序的自然结果。他的遭遇所体现出的残酷性，本质上是时代的残酷性。

随着开疆拓土的行动告一段落，随着国内经济政策的调整逐步完成，汉武帝也慢慢走入了暮年。就在李陵事件发生的时候，汉武帝已经是一个 57 岁的老人了。随着皇帝的年龄越来越大，某些政治层面的深层矛盾开始日益激化。在李陵劝说苏武投降的话语中，就透露出了汉武帝后期的这种政治现象。这种政治上的矛盾和冲突，终于在公元前 91 年，酿成了比李陵事件影响更大的悲剧性事件——巫蛊之祸。

在展开巫蛊之祸之前，让我们先跟着汉武帝巡游全国的步伐，到西汉时期的中国大地上去走一走，看一看。

第二十三章

丈量中国，汉武帝的 34 次巡行之路

秦始皇和汉武帝，一般情况下也被人并称为秦皇汉武。这两个相隔了半个多世纪的君主，对历史都产生了非常深远的影响，他们的很多作为也都具有相似性。

秦始皇在统一中国后，进行了五次大规模巡行活动，最后死在了路上。而汉武帝的一生至少有 34 次离开长安的记录。

1. 巡行活动的起源

巡幸、巡行、巡狩、巡守，这些词在本质上是一回事，最早都是指对统治地区的巡视活动。按照《礼记·月令》的解释，巡行最早指的是官吏要在四月份，对自己的管辖地区进行来回巡视，督促农业生产。官吏要对自己的辖区负责，而天子要对全国负责。

按照《毛诗正义》的解释，武王灭商之后就开始巡视诸侯的土地，在山川举行祭祀。震慑地方势力和宣传意识形态，是巡行的核心内容。从此之后的天子巡行活动，也都是以此为模板。

2. 漠北大战之前的巡行活动

由于政治环境的不同，在形式上，秦始皇时期的巡行，更多表现为震慑地方势力；而汉武帝时期的巡行，意识形态方面的作用比秦始皇时期更多一些。

（1）五帝祭祀形式的形成

有记录的汉武帝第一次正式出巡，是在元光二年（公元前133年）十月。目的是到雍县祭祀五帝，也就是史书所说的祠五畤。

雍县大体就是现在的陕西凤翔县，在这里举行祭祀活动最早可以追溯到黄帝时期。畤最早是农民用来祭祀土地的地方，后来演化成天子祭祀天帝的专用场所。经过逐步细化，到刘邦建立汉朝，正式形成了青白赤黑黄的五帝祭祀形式，同时也就产生了五畤。

畤的建筑形式，大致是这样的：

主体部分是一个用土堆成的不规则的椭圆形高地，南北宽大约25米，东西长大约35米，高地由北向南倾斜，最高处距离地面8米左右。高地的周边有围墙，再往外是供天子休息的房屋和处理祭品的地方。在汉代，五畤大致以今魏家崖遗址为中心，分布在方圆10公里左右的地区，具体位置就在今天陕西省宝鸡市陈仓区千阳镇附近。

汉武帝是一个开拓进取的人，但也是一个迷信爱好者。在这一年，一个叫李少君的术士开始进入汉武帝的生活，汉武帝的求仙之路就从这里开始了。李少君后来病死，算是寿终正寝，不过他的同行就没他这么幸运了。

也是在这一年，马邑之战的计划失败。

过了四年，元光六年（公元前129年）六月，汉武帝顶着炎炎烈日，又去了一趟雍县。汉武帝巡行雍县的次数，有记录的是十次，每次都是天冷的时候才去，只有这一年是例外。这一年汉军发动了龙城之战，第一次攻入匈奴境内。

西汉时期还保留着战国时代的一个习惯，在军队出征之前，要向上天祷告，保佑军队取得胜利。汉武帝这一次打破常规的行动，不知道是不是为了亲自向上天祷告。如果真是如此，说明27岁的汉武帝，面对这一次战役，内心也是非常忐忑的。

（2）获白麟

过了七年，元狩元年（公元前122年）十月，汉武帝再一次到雍县搞祭祀，这一次意外地抓到了一只神兽——白麟。按照唐朝颜师古的说法，白麟的样子可能是这样的：麋鹿的身子，牛的尾巴，长着马一样的脚，头上有一根角，角的顶端有肉。

为了庆祝这个祥瑞事件，汉武帝改元元狩，也是在这一年，七岁的刘据被册立为皇太子。

3. 漠北大战之后的巡行活动

在漠北大战之前，汉武帝的巡行活动，全局限在关中地区，除了去雍县以外，只去过甘泉宫。漠北大战胜利之后，巡行的范围开始向东部扩展。

（1）汾阴脽获宝鼎

元鼎四年（公元前113年）十月，照例在雍县祭祀了五帝之后，汉武帝开始往山西进发，在韩城地区渡过黄河，到达汾阴脽，也就是今天山西省运城市万荣县的宝井乡。古汾阴县就在这里。按照三国如淳的说法，这个地区之前是黄河水在东岸堆积出的一个沙洲，南北长大约

2000 米，东西宽大约 900 米，高出水面 3 米左右。这个沙洲就叫汾阴脽，古汾阴县就坐落在沙洲上。

四年前，有人在汾阴县的西面发掘出一个宝鼎。汉武帝身边的术士认定，这就是古代祭祀土地神的"泽中方丘"。这个宝鼎汉武帝宝贝得不行，就带着鼎到雍县，专门给五帝展示了一下，然后带回去藏在了甘泉宫里。

汉武帝在汾阴祭祀了后土，然后沿着黄河北岸往东走，在今天的河南省武陟县渡过黄河，经过广武山和敖仓，到达荥阳县。这里是楚汉之争的古战场，也是汉代控制关东地区的军事重镇。在返回长安的时候路过洛阳，结束了巡行。

这一年，汉朝开始强制推行五铢钱。

（2）巡视西北边地

公元前 112 年，十月，汉武帝再次从雍县出发，带着几万骑兵开始巡视西北地区。他先从陇县翻过陇山，然后向北走登上崆峒山，再转向祖厉河，从祖厉河再转向东北进入今天的宁夏地区。此地在秦汉时期也被称为新秦中。

这一年汉朝开始进攻南越。

（3）闻喜县和获嘉县的由来

公元前 111 年，汉武帝再次越过黄河，沿黄河北岸向东走到了新乡地区，为封禅泰山做准备，同时就近等待征伐南越的汉军战报。走到左邑县的桐乡，收到了汉军攻破番禺的消息，就把桐乡升格为闻喜县。走到汲县的新中乡，收到了吕嘉被抓获的消息，就把新中乡升格为获嘉县。如今山西的闻喜县和河南的获嘉县，最早的名称就是这么来的。

（4）观兵朔方，封禅泰山

又过了一年，公元前 110 年，这一年刚开始，汉武帝就亲率 18 万骑兵，北上朔方郡威慑匈奴。两个月后，又马不停蹄地向东出发，开始封禅之旅。

经过华山、偃师到达嵩山的时候，汉武帝就像普通的游客一样，去看了嵩山的启母石。第二天，汉武帝就去爬山。在这个过程中，他身边的人都听见山里边有呼喊万岁的声音，还喊了三次。就像现代人发微信朋友圈一样，汉武帝把在嵩山的经历写在了诏书里。

离开嵩山继续向东，一直走到山东半岛。这是刘彻这个土生土长的陕西人，第一次见到大海。看完了海，就开始进入封禅泰山的最后流程。

（5）封禅活动的起源和政治含义

原始部落时期的宗教信仰，大体可以分为两类：祖灵崇拜和神祇崇拜。

祖灵崇拜的大背景，是原始部落需要用血缘关系来对人群进行组织。神祇崇拜的大背景，是人类试图理解自然规律的一种尝试，同时希望构建一种人和自然的关系，能从自然中获取力量。当人类发展到国家形式之后，祖灵崇拜就衍生出了宗庙祭祀活动，神祇崇拜就衍生出了祭祀山川天地的活动，比如封禅。

在对自然界的认识和开发过程中，大地无论多么崎岖坎坷，最终都有被人类征服的可能。但是在那个时候，天与人类的距离最远，始终是人类无法触碰、无法了解的存在。当人类无法给某些事物提供有效的解释，往往会把它们扔给神秘主义。而最神秘的就是天了，天也就成了最大的神秘主义来源。所谓天命、天道，就是这个意思。

当人类进入国家社会之后，统治阶层需要为自己的行为寻找一种天然的正确性。他们选择用神秘主义对自己的统治权力进行包装，把权力的来源途径解释为天。

大地和天空最接近的地方就是高山。在人类朴素的想象中，只有在这里人类才能通过祭祀实现和天的沟通，天才能收到人类提供的祭品，才能听到人类的祷告，才能响应人类的请求。所以对天的祭祀，都要依靠高山来完成。当然，并不是所有的山都可以。山要足够高，同时要有一定的孤立性；山势要比较平缓方便攀登，通往它的道路不能太崎岖，要方便人群的通行；还不能太远离主要居民点，山顶最好有足够的空间，能进行祭祀活动。要同时满足这么多条件，能选择的也就只有几座山了。

在高山上祭祀来和上天沟通，这种权力在统治阶级上台的第一天，就被垄断了。先建立一套理论体系，再垄断对这套体系的解释权，是统治阶层的一贯做法。周王朝就通过这种方式，第一次系统性地完成了统治理论的建构：天子从天那里继承权力，诸侯从天子那里继承权力，士大夫从诸侯那里继承权力，这就是宗法制度。这套理论的基本逻辑，一直被后代王朝沿用，直到帝国体制的最后瓦解。

最早有可靠记录的封禅活动，是周武王姬发的封禅嵩山。周灭商之后，周朝的核心统治区从关中向黄河中游延伸。周朝的国家祭祀活动，也从关中分离一部分到洛阳附近。周人在洛阳附近能找到的最合适的山，就是嵩山。

（6）封禅泰山的政治目的

秦始皇统一中国之后，需要为广大的国家建立一套适应新形势的政治文化，需要一种新的形式来团结关东地区。

战国的各个国家都有自己祭祀的神。秦国是四帝，楚国是东皇太一，齐国是八神。与其强迫六国遗民去信奉秦国的神，不如找一个最大的神，然后大家一起去信奉它。这个所有人都认可的最大最神秘的存在，就是上天了。

齐鲁地区的儒生和方士为秦始皇的这个思路，提供了一套加强共同信仰的解决办法，这就是封禅泰山，通过封禅来宣传国家认可的新信仰体系。封禅虽然最后没能团结六国遗民，但是新的信仰体系却保留了下来。而到了汉武帝时期，封禅学说进一步发展，又增加了一个新功能：通过在泰山祭祀上天，来确定历史地位。汉武帝就是这种功能的第一个实践者。

当时匈奴已经退往漠北地区，南越已并入汉朝。汉武帝和整个汉朝正是自信心到达顶点的时候。汉武帝本人也认为，自己的主要历史任务已经完成了。有一个人的遭遇，就特别能反映这个时期整个国家的心态，这就是太史令司马谈。

汉武帝的这一次巡行封禅活动，有大批人员随行。司马谈作为太史令，在这种要确定历史地位留名青史的时刻却无法随行，以至于愤恨而死。其实，太史公不用太过于纠结。这次随行的人员，绝大多数也没能经历封禅的全过程。

（7）封禅的大致流程

封禅，最早的流程是比较朴素的。封，就是在山顶用土堆出一个高台。禅，就是在山下的小土坡上，对土地进行除草和平整工作。用封来和天沟通，用禅来报答大地。后代一系列的复杂烦琐的礼仪流程，都是从这里逐步演变的。

汉武帝先是在梁父山祭祀了大地，然后来到泰山脚下。事情到这里，出现了一个有意思的情况。汉武帝让人在山脚下建封坛，在封坛下埋藏玉牒书，完成封土的仪式，然后自己带着霍去病的儿子霍子侯，就他们两个人上山，又做了一次封土仪式，而且还在山顶待了一个晚上，直到第二天才下山。至于在山上到底干了啥，就再也没有人知道了。

结束了封禅泰山的仪式，汉武帝的巡行队伍继续沿着渤海往北走，到达今天的河北省昌黎县的碣石山。在秦汉时期，碣石山下就是渤海。随着泥沙的淤积，现在的碣石山距离渤海有 17 公里之远。

离开碣石山，汉武帝一行从辽西郡出发，沿着北部边境到达今天的包头市，然后向南穿过陕北，回到甘泉宫。这一年的封禅之旅，汉武帝带着一堆人跑了将近 5000 公里。

（8）堵塞瓠子堤决口

公元前 132 年，汉武帝在祭祀了五帝之后，又去了一次山东。还是先到山东半岛，然后再次封禅泰山。

这一年发生了严重的旱情，汉朝趁着黄河水少，决定堵塞黄河的瓠子堤决口。到这时候黄河水已经从这个决口，向南流淌了 20 多年了，导致从今天河南商丘到江苏徐州之间的地带，农作物常年歉收。

汉武帝亲自到黄河边上，发动自将军以下的所有人背着柴草去填决口。当时濮阳一带的柴草不够用，就到黄河北岸的淇县，把卫武公留下的中国第一座王侯园林——淇园的竹子砍掉，运到决口去充当土石河堤的框架结构。搞定决口之后，还在河堤上盖了一座宣房宫，遗址就在今天河南濮阳县新习乡焦二寨。

这次新修的河堤，工程质量应该比较高，过了三百年，堤坝还有 20 多米高，100 多米宽。

公元前 107 年，汉朝开始在上郡、西河郡和北地郡修建新的边防要塞，汉武帝再次对西、北边郡进行巡视。

（9）对长江流域的巡视

公元前 106 年，汉武帝在冬天出发，开始巡行长江流域。

他先从武关进入河南，然后经过襄樊顺汉水进入湖北，再一路向南直达湖南的永州。在九嶷山祭祀了舜帝，然后掉头向东，沿着赣水抵达九江，在九江乘船进入长江。然后在长江里，汉武帝亲自用弓箭射击扬子鳄，还把一头中箭的扬子鳄抓上了船。船队走到安庆，一行人上岸到今天的潜山游览了天柱山。

然后队伍一路向北，穿过今天的安徽和江苏，再沿着海岸线走，进入今天的山东日照。从日照再往西，汉武帝又一次来到了泰山，这时候已经是三月份了。

（10）汉代财政审计制度

汉武帝这一次在泰山停留了相当长的一段时间。不仅把全国所有的诸侯都召集到泰山，还同时对全国各个郡国的财政进行了审计。从春秋时代开始，国家审计工作就开始逐步建立。在汉代，以本年的十月到来年的九月为一个财政年度。在每年的正月初一之前，各郡的郡丞和诸侯国的长史，要带着本郡国的统计员和账册到京城去，接受丞相和御史大夫的联合审查。

郡国向中央提供的账册，称为计册。计册的内容包括：辖区户数、人口数量、男女性别比例、不同年龄段的人数、可垦地面积、年度植树的面积、赋税的征收、地方政府的财务支出情况、刑事案件的数量和处理情况，等等。除了人口数量的变化情况之外，审计的重点就是财政支出情况。在汉代，地方财政支出可以笼统分为四大类：官吏、财政供养人员、受赈济人员、其他政府支出项目。

这四大类有不同的等级或者费用标准，数量乘以各自标准再加总即为财政总支出。财政总收入减去财政总支出即为财政结余。财政结余情况，是判定各郡国年度行政工作质量最重要的一个标准。

计册情况的统计，由郡国的郡丞和长史负责。并非他们说什么，朝廷就信什么。人口的数量、官吏的数量、土地的数量、土地的肥瘦、财政总收入和总支出、自然灾害的情况、承担国防压力的大小等，在审计的时候，朝廷会根据这些数据之间的动态函数关系，进行综合评价。如果审查出问题，就由御史大夫派人复查。无论是故意造假还是综合评价偏低，包括郡守在内，相关负责人都要受严惩。

朝廷通过审计的流程，来通盘掌握全国的社会民生情况。

（11）刺史制度和十三部（州）的设立

即使这样，朝廷对郡国还是不放心。在汉武帝连续几年亲自跑遍了全国之后，汉朝中央推出了刺史制度，把全国分成了十三个部（州）和一个中央直辖的司隶校尉部。在郡县两级行政体系的上面，又加了一个州作为监察区。

综观中国行政区划历史，一个规律是，原来的监察区会逐步演变成行政单位，比如汉代的州和唐代的道。在汉武帝之前，全国的监察工作由御史署和丞相府同时负责。在公元前 106 年，汉武帝把监察权统一交给了御史署，让刺史从临时的派遣变成一种常设官职，品级是六百石。让六百石的刺史去监察两千石的郡守，这种以小制大的思路，一直延续到后代王朝，是设计监察体系时的标准操作。

刺在古汉语中本身就有侦探的意思。十三个州，每州设置一个刺史，每个州下辖八九个郡。最初的时候，刺史需要在六个方面对辖区进行监察：监控地方豪强的动态、巡察郡守对中央政令的执行情况、监察郡守的执法情况、监察郡守对察举制的执行情况、监察郡守的亲属子弟的违法情况、监察郡守是否和豪强有勾结。

刺史原本没有固定的官署，每年八月对辖区郡国进行巡视。刺史的报告是中央在对郡国进行审计时的重要参考。

4. 汉武帝的求仙问题

公元前 106 年，汉武帝巡行长江流域。从这一年开始直到公元前 87 年去世，除了中间有两年没有记录之外，剩下的十多年里，汉武帝每年都要外出巡行，只不过巡行的范围不再有过去那么大了。毕竟，他在长江里射鳄鱼的时候，就已经是 50 岁的中老年人了。

除了军政需要之外，汉武帝这么频繁地外出巡行，还有啥目的呢？如果让汉武帝自己来回答，他可能会说两句话：世界这么大，我想去看看；我真的还想再活五百年。

寻找长生不老的办法，是汉武帝 34 次巡行活动中最重要的主题之一。汉武帝是一个在世俗世界开拓进取的人。同时，他也是一个迷信爱好者。在让齐鲁地区的儒生进入统治阶层的同时，他也接受了齐鲁地区的方术文化。

寻仙人，求长生，在汉武帝对齐鲁地区的每一次巡行和祭祀活动中，都贯穿着这个目的。很自然地，君主有这样的爱好，就会有人来满足这种需求。为此汉武帝付出了很大的代价，甚至被骗财骗色。比如栾大，就一度将他骗得团团转。

栾大吹嘘自己有法术，说自己能制造黄金，还能堵塞黄河决口。他用几个魔术表演忽悠了汉武帝。汉武帝不仅封他为将军，还把自己和卫子夫所生的大女儿嫁给了他。

不过，汉武帝在本质上是一个秉持实用主义的迷信爱好者。汉武帝面对这些方士，总是想方设法去验证他们的法术，验证他们关于神仙的说辞，甚至还会派人跟踪他们。一旦承诺无法兑现，他们的死期也就到了。

在汉代被判诬罔罪的五个人里，汉武帝时期的方士就占了两个，有四成的名额给了这些业余化学家和魔术师。但是，杀了一批又来一批，就这么一直折腾了几十年。

按照《汉武故事》的说法，直到公元前 89 年，已经 67 岁的汉武帝才放弃了对长生不死的追求。他说：以前啊，是我自己糊涂，才被这些方士给骗了。天底下哪有什么神仙，都是些鬼话罢了。只要注意饮食，有病了就吃药，身体也就健康了。

两年之后，公元前 87 年，汉武帝进行了人生的最后一次旅行。正月，他在甘泉宫接受了诸侯王的朝觐；二月，向南走了一百公里，来到五柞宫。在这里，他走完了生命的最后一段旅程，而他的长子——太子刘据早于他三年就自杀了。这就是汉武帝一朝，牵涉范围最广的政治悲剧——巫蛊之祸。

第二十四章
巫蛊之祸

巫蛊之祸是汉武帝末期，牵涉范围最广，影响最深远的悲剧事件。这次事件的完整经过，可参见《汉书》和《资治通鉴》。

1. 巫蛊之祸的史料来源

《资治通鉴》中关于巫蛊之祸的内容部分，主要的细节出处是两本创作于东汉末年到魏晋时期的逸闻杂记：《汉武故事》和《三辅旧事》。这两本书的信息可靠性是有争议的。不光是现在有争议，就是在宋代也有争议。

王益之在编写《西汉年纪》的时候，就对《汉武故事》和《三辅旧事》的内容提出了质疑，还对书里面关于巫蛊事件的一些内容进行了反驳。所以，咱们主要来看公认无争议的《汉书》。

2. 巫蛊之祸的起源和经过

在《汉书》里，巫蛊之祸的起源是一起腐败案件。

（1）公孙贺的族灭

征和元年，公元前92年，已经做到丞相的公孙贺遇到了麻烦事。他的儿子公孙敬声，因为挪用了北军一千九百万钱的公款被关进了监狱。当时朝廷正在追捕一个叫朱安世的人，公孙贺就抓捕了朱安世，来给儿子赎罪。

朱安世就在监狱里给朝廷上书，检举揭发公孙敬声和阳石公主通奸，还有公孙敬声让巫师诅咒天子，在长安通往甘泉宫的驰道中埋了人偶。

到了第二年正月，以朱安世的检举信为出发点，在朝廷的追查之下，公孙贺父子俩都死在了监狱里，全家也被族诛。这是因巫蛊之祸倒下的第一批人，在接下来的一整年时间里，事件的规模越来越大。

（2）巫蛊的起源和本质

那到底什么是巫蛊呢？笼统地说，巫蛊是一种原始宗教和原始医学混杂在一起的文化现象。咱们先来说说巫，然后再来看看蛊。

古人认为，人体的毛发、血液等，人接触过的某些东西，形状和人体比较接近的东西，或者干脆就是在想象中和人有关联的某些物质，和人体都存在着某种超自然的联系。古人相信对以上这些东西施加影响，也能反过来影响人体本身。包含原始医学元素的巫文化，就是以此为基础逐步发展起来的。

相较于巫来说，蛊就比较实在一些了。按照《说文解字》的观点，蛊："腹中虫也。"最早可能是指肚子里的虫、蛔虫，后来也代指毒虫、食物中毒，或者人的精神错乱现象。现代人通常认为的通过让毒虫自相残杀来制造蛊虫的方法的描述其实最早来源于《隋书·地理志》。

巫的两个基本作用就是消灾祈福和诅咒他人。当有人使用有毒的蛊虫进行犯罪的时候，一般也会同时用巫术进行诅咒活动，所以很多情况下，它们两个都是放在一起说的。颜师古在给《后汉书》做注解的时候，说得更直白：巫师为蛊，故曰巫蛊。

（3）汉朝法律对待"巫"和"蛊"的不同态度

在汉代，对于巫和蛊，政府是区别对待的。蛊的情况比较简单，它的出现往往和谋杀事件有关。对人使用蛊是被明令禁止的犯罪行为，《汉律·贼律》中就明确说"敢蛊人及教令者弃市"。无论是使用者还是教唆别人用，都要被处死。

而巫的情况就要复杂一些。巫本身就是宗教和祭祀活动的组成部分，朝廷的人员编制里也有专门的巫祝。从秦朝到汉朝，朝廷的巫祝都担负着为天子消灾解难的工作。他们消灾解难的方式，目前已知的有两种：第一种是举行祭祀，把天子的疾病转移给官吏和老百姓。第二种是在道路上施行巫术，把灾祸随机转移给经过的路人。后来，汉文帝废除了第一种，汉武帝废除了第二种。汉武帝还在法律上规定了，任何人在道路上进行巫术活动，都是违法行为。

蛊是被完全禁止的，但是巫本身并不完全违法。只有当巫被用来针对某些人，或者在某些特定的场所被使用的时候，才被认定为犯罪。公孙贺父子最后被诛杀，最要紧的罪名不是他们使用了巫术，而是他们把巫术指向了汉武帝。使用巫术并不违法，但将巫术对准皇帝，这就是谋反罪。而谋反罪最显著的一个特点，就是它的波及范围非常容易失控。

（4）巫蛊事件扩大化和江充其人

在公孙敬声的案件中，阳石公主被牵连进去。她是皇后卫子夫的亲生女儿，而公孙敬声的母亲就是卫子夫的亲姐姐。公孙贺全家被处死之后四个月，卫子夫的另一个女儿诸邑公主及卫青的长子卫伉，也被牵连进去，和阳石公主一起被处死。

事情的性质到这里因为一个人开始起变化，这个人叫江充。如果说公孙敬声案件波及卫氏家族，还属于正常司法活动的范围，那江充的加入，就开始让整个事情失控。江充原本是赵国邯郸人，他的妹妹嫁给了赵国的太子刘丹。后来刘丹怀疑江充向赵王打小报告，就杀了他的父亲和哥哥。江充就跑到长安去举报刘丹的罪行，最后朝廷废黜了刘丹的太子之位。

江充这个人，长得很高大，容貌也不错。汉武帝问了他很多政治上的事情，他也能给出很好的回答。后来江充还主动出使过匈奴，在回来之后就被任命为直指绣衣使者。这个岗位是直属皇帝的特派员，和刺史的职责类似。绣衣使者的工作重点，就是打击王公贵戚的违法行为。江充表现得刚正不阿，也很好地完成了任务，然后被提升为水衡都尉。后来不知道因为犯了什么事，又被免职了。在他被免职期间，就发生了公孙敬声案件。

在处死了两个公主和卫伉之后，案件暂时告一段落，时间已经到了夏天，汉武帝到甘泉宫去避暑。江充不知道从什么渠道知道了汉武帝在甘泉宫生病的消息。他开始害怕了。

（5）江充阴谋的实施经过

在之前当直指绣衣使者的时候，江充和很多高官显贵都发生了冲突，其中就包括太子刘据和卫氏家族。现在他看到汉武帝年纪越来越大，身体也不好了，非常害怕有一天太子继位会报复自己，于是他想了一个计划。

他首先给甘泉宫的汉武帝打了一个报告，说您身体不好，我看是中了巫蛊了。汉武帝让江充去追查，看看是谁在背后诅咒自己。江充就带着人，到长安城里去搜捕和巫蛊相关的人。迷信活动在进行仪式的时候多少都会留下一些痕迹，江充就让一个胡人巫师循着痕迹去寻找埋在地里的人偶，然后再以此为线索去给人定罪。抓到人之后，江充就对他们严刑拷打，强迫他们承认自己搞迷信活动是为了诅咒皇帝，然后再追查他们的同伙。在严刑逼供之下，被捕的人就开始胡乱诬告，很快就有几万人被判了谋反罪。

当时汉武帝年纪大了，生病了或者不舒服，就怀疑是周围的人在用巫蛊害自己。江充抓住这个心理，在杀了几万人之后，又对汉武帝说：我看这皇宫里头也有蛊气。

汉武帝让江充继续追查，同时派了宦官苏文、按道侯韩说和御史章赣去协助他。江充先是在甘泉宫挖掘，把汉武帝的御座都挖开了，结果一无所获。之后他回到长安城，继续在皇宫里挖。他先去挖那些不受宠的嫔妃的住处，然后去挖皇后的寝宫，接着是太子的东宫，并在东宫挖出了梧桐木做的人偶。

（6）太子刘据的应对

看到这种情形，太子刘据赶紧和自己的老师石德商量对策。石德说：你姨夫公孙贺全家，你的两个妹妹，还有你的表兄弟卫伉，都因为巫蛊的事情被杀了。现在他们又在你这里找到了人偶。是他们埋进去的，还是本来就有，这是说不清楚的。不如先下手为强，把江充这些人抓起来，先取得他们污蔑你的罪证。而且，皇帝身体不好，还远在甘泉宫。我们派去请安问候的人，也没能见到皇帝，现在皇帝是死是活我们都不知道。太子啊，你要多想想秦朝扶苏的故事啊。

情况危急之下，没来得及多做考虑，太子就同意了自己老师的计划。

（7）长安城的迷你内战

在汉代，太子需要在每个月的初五、十五和二十五，去当面向皇帝请安。如果皇帝外出，也要派出使者去问候皇帝。截至七月初九这一天，刘据母子派出的使者还没有收到皇帝的消息，他们和汉武帝至少已经失去联系十天了。

七月初九，刘据开始行动。当时太子拥有和皇帝一样的符节，刘据让自己的门客伪装成皇帝的使者去抓人。结果只抓到了江充和胡人巫师，按道侯韩说因为反抗被杀，宦官苏文和御史章赣都成功脱身，逃回了甘泉宫。计划在第一步就出现了意外。

刘据在这一天的夜里，派人找到了母亲卫子夫，把事情和盘托出。在这一片信息的迷雾中，皇后卫子夫选择支持自己的儿子，先控制京城保全自己再说。她把长乐宫中的车辆都交给刘据，刘据用这些车辆运输弓箭手去攻占武库，随后又趁着夜色进攻丞相府和京兆尹。

在公孙贺全家被诛杀之后，汉武帝任命刘屈氂为丞相。这个人是中山靖王刘胜的儿子，刘据的堂兄弟。他仓皇之间从最近的安门逃出长安，让丞相府的长史赶紧去甘泉宫汇报情况。到此为止，不管原因是什么，在实际层面上，刘据的行动已经演化成军事政变。

当时长安地区的兵力部署，从城内到城外大体可以分为三个部分：皇宫的警卫任务由郎官和直属皇帝管辖的禁卫部队负责，比如建章营骑、期门军、羽林军，等等。再往外，长安城墙和城门的守备任务，由负责京城治安的中尉署的部队和北军共同负责。城墙之外的京城附近地区，驻扎着归属北军管辖的校尉。当天夜里，城内皇宫的警卫部队已经被刘据控制。

到了第二天，也就是初十，刘据通知长安的文武百官说：皇帝因为身体不好被困在了甘泉宫，奸臣要开始作乱，然后以谋反的罪名公开处决了江充。在杀了江充之后，刘据亲自出城抓捕丞相刘屈氂，想接管驻扎在上林苑的步兵校尉所部，但是刘屈氂已经抢先一步来到上林苑，因此刘据的计划没有成功，他就集合自己在博望苑的门客返回长安。

大约在这一天的夜里或者次日凌晨，从长安城逃出去的丞相长史、御史章赣和宦官苏文都来到了甘泉宫。收到消息的汉武帝立刻决定返回长安，同时下达了三个命令：一、让刘屈氂立刻封锁长安，把政变部队围困在城内，同时用牛车去阻隔政变部队，还特别嘱咐，不要和城内的部队混战，尽量避免伤亡。二、让长安附近的各县，集中兵力交给刘屈氂指挥。三、让商丘成率领昆明池的船队水手，去长安参加围困，同时让马通作为使者先行一步赶回长安。

第三天，也就是十一日，刘据释放了长安城内所有的囚犯，打开武库对囚犯进行武装。同时派了一个叫如侯的囚犯，拿着太子的符节去调集长水和宣曲宫的胡人骑兵。

第四天，也就是十二日，如侯成功控制了宣曲宫的部队，然后向东去长水。随后往长安方向进发的宣曲骑兵，在半路上和赶回长安的马通相遇。马通立刻接管了这支部队，然后追上如侯，将他斩杀。马通随即率部队进入长安。

第五天，也就是十三日，汉武帝回到了建章宫。刘据看无法调集城外的部队，就率兵来到城内的北军驻地，想用符节接管北军的城防部队。北军监任安收下了符节，但是拒绝出兵。刘据看城外的部队已经进城，就立刻驱赶东市、西市、直市和柳市这四个城区的市民去参加战斗，企图把已经进城的部队赶出去。

双方在长乐宫的西门外相遇，随即展开混战。城内的部队和市民有太子的符节，城外的军队有皇帝的符节，双方都认定对方是叛军，战斗非常惨烈。战斗从十三日一直持续到十七日，五天之内双方战死了几万人。随着城外军队的不断增加，城内的市民也知道了皇帝还活着，他们就不再支持太子了。丞相的部队终于在十七日的夜晚攻进了长乐宫，离长乐宫最近的城门是覆盎门。负责封城门的是丞相的下属田仁，刘据在田仁的帮助下，成功逃出了长安。

刘据一路向东逃到了湖县，也就是现在的河南灵宝。在躲藏了二十多天后，被当地的官府发现，刘据选择了自杀。军队重新控制了长安，汉武帝派人收缴了皇后卫子夫的玺绶，卫子夫也自杀了。

以上就是巫蛊之祸从江充出场到太子自杀的大致过程。虽然已经死了差不多十万人，但是这些仍然只是巫蛊之祸的上半场。

3. 各方人物的结局

皇后卫子夫和太子刘据都自杀之后，参与进军长安和抓捕太子的人都获得了封赏。有五个人被封了侯爵，分别是攻击太子军的商丘成、斩杀如侯的马通、擒获石德的景建、在湖县围攻太子的张富昌和李寿。这五个人的名字，大家记不住也没有关系，因为在汉武帝去世之前，他们全都死了。

就在刘据自杀七个月之后，汉武帝发动了最后一次对匈奴的大规模攻势。

这次出征的有三个将军：李广利、商丘成和马通。就在他们出征的时候，巫蛊之祸继续发酵。在这一年，有一个叫郭穰的宦官向汉武帝举报，说丞相刘屈氂夫妻俩经常用巫术诅咒皇帝，他们还和李广利一起祭祀祷告，想让昌邑王刘髆成为皇帝。

最后司法部门追查的结果是，不仅郭穰的举报确有其事；而且，就在三月李广利出发的时候，李广利还在渭河桥上对刘屈氂说过，希望他尽快请求汉武帝立昌邑王刘髆为太子。李广利就是刘髆的亲舅舅，刘屈氂和李广利是儿女亲家。

在这一年的六月，刘屈氂两口子就被处死了。李广利留在长安的家人也受到牵连被关进了监狱。后来李广利投降了匈奴，他的家人也被族诛。

从这一年开始，巫蛊之祸上半场被封侯的五个人，因为各种原因，或者被处死或者自杀，到汉武帝去世之前都死光了。昌邑王刘髆和汉昭帝的母亲钩弋夫人也死了。陪同江充搜查太子宫的宦官苏文，在处死刘屈氂的同一年，被烧死在渭河桥上。已经死了的江充，也被夷三族。

4. 关于巫蛊之祸的阴谋论

从这些人的结局出发，从古至今，巫蛊之祸被开发出了无数个版本的阴谋论。其中有两个说法影响最大。

阴谋论一：巫蛊之祸是汉武帝的计划。

该观点认为：汉武帝为了保证自己喜欢的小儿子刘弗陵即位，利用巫蛊事件把太子和卫氏家族，以及昌邑王集团，全部清洗掉。

关于这个说法，咱们先看一下汉武帝儿子们的情况。汉武帝一共有六个儿子活到了成年，按照出生的先后顺序依次是：卫子夫所生的太子刘据，王夫人所生的齐王刘闳，李夫人所生的昌邑王刘髆，李姬所生的燕王刘旦、广陵王刘胥，钩弋夫人所生的刘弗陵。

到巫蛊之祸发生的公元前91年，齐王刘闳已经死了；刘髆在今天的山东巨野做昌邑王，刘旦在今天的北京做燕王，刘胥在今天的扬州做广陵王。到巫蛊之祸爆发，在汉武帝身边的除了已经37岁、做了30年太子的刘据，就只有才3岁的刘弗陵。

刘据是汉武帝28岁的时候才有的第一个儿子，非常受宠爱，7岁就被立为太子。汉武帝从小就让他学习《公羊传》和《穀梁传》。成年之后，汉武帝专门在长安城南给他修建了博望苑，让他自由培养自己的势力。后来卫子夫年老色衰，汉武帝开始宠幸其他人，也陆续有了其他的儿子。按照《资治通鉴》的说法，汉武帝认为刘据性格软弱，不像自己，所以父子关系很紧张。不过，从成书时间更早的《汉书》中，找不到他们父子关系产生裂痕或者汉武帝嫌弃太子刘据的明确记录。

最小的刘弗陵，据说是钩弋夫人怀孕 14 个月所生，到巫蛊之祸爆发的时候才 3 岁。后来太子刘据、昌邑王刘髆先后死去，汉武帝就经常对别人说：刘弗陵像自己。在汉武帝去世前，刘弗陵被册立为太子，这就是后来的汉昭帝。

阴谋论二：螳螂捕蝉，黄雀在后，钩弋夫人利用了所有人。

该观点认为：汉武帝为了给太子刘据解除外戚的威胁，就利用巫蛊事件打压卫氏家族。昌邑王集团就趁机先利用江充攻击太子刘据，逼迫刘据发动政变，利用国家的力量除掉太子集团。钩弋夫人再通过宦官势力，引导汉武帝除掉昌邑王集团，让自己的儿子刘弗陵成为太子。事后汉武帝察觉了阴谋，所以相关人等都被处死。

昌邑王的母亲李夫人是中山国人，中山国的隔壁就是涿郡。刘屈氂在当丞相之前，就是涿郡太守。涿郡紧挨着河间国，刘弗陵的母亲钩弋夫人就是河间人。钩弋夫人的父亲是一个宦官，协助江充搜查东宫的是宦官苏文，举报刘屈氂的是宦官郭穰。

太子刘据自杀之后，他的儿女全都死了。只有一个孙子刘病已，出生才几个月，侥幸活了下来，被关在长安的监狱里，这就是后来的汉宣帝。

在汉武帝临死之前，有所谓的望气者，说长安的监狱有天子气。汉武帝就派人去监狱，要把囚犯都杀光。去监狱执行命令的是宦官郭穰。这件事发生之后不久，钩弋夫人就死了。

巫蛊之祸除了上面所说的两种阴谋论，其实还有很多疑点。比如刘据的谥号。刘据死了以后，他的谥号是"戾"。按《逸周书·谥法解》的说法："不悔前过曰戾。"这个谥号恰恰是刘据的孙子、汉宣帝刘病已给的。

不管是《汉书》还是《资治通鉴》，都是在说江充诋毁太子，并没有明确认定就是江充在东宫埋了人偶。巫蛊之祸发生以后，丞相田千秋亲自主持了对巫蛊的发掘工作，在兰台也挖出了人偶。兰台是朝廷存放档案和图书的地方，有一种说法是，太史公司马迁就是因此被杀的。

那东宫的人偶，到底是谁埋的呢？是江充，是太子，还是第三方势力呢？巫蛊之祸的真相到底是什么？背后有没有阴谋？如果有，是哪个人或者哪个集团策划了阴谋？

这些疑问到今天，已经没有办法完全说清楚了。对于这些历史没有给出明确答案的问题，所有人都可以有自己的分析和理解。

5. 宫廷政治的起源和运作原理

其实，汉代的巫蛊之祸也好，唐代的玄武门之变也罢，这些纷繁复杂的政治事件，矛盾起源反而是相对简单的。这就是政治的宫廷化。

从一万年前算起，人类的发展历史总的来说是族群的数量越来越少，单个族群的规模越来越大。从部落到民族，再从民族到国家，人的力量越来越集中。为了对庞大的群体进行管理，人类创造了各种规则和制度，为了维护规则和制度，又设立了各种各样的组织和机构。那谁来协调这些组织和机构的工作呢？

为此，人类创造了一个超越一切组织和机构的存在作为最高仲裁者，称呼有部落酋长、国王和皇帝等。皇权社会的最高统治者是皇帝，皇帝不只是具体的人，还是一个系统。人们通过这个系统来组织和调节一个国家的运作，并通过这个系统进行利益的分配。

因此，各种各样的势力，形形色色的人，都想通过对皇帝施加影响，来间接地获取对国家的控制，获取权力和利益。而最方便的做法，就是在皇帝的身边寻找利益代言人。如果这个代言人，将来也能成为皇帝，那就更好了。

在皇权体制下，最高权力的更替只能在有血缘关系的亲属间进行，即兄终弟及、父子相传。为了获得更多的权力，或者说为了将荣耀维持下去，文臣武将等既得利益集团常会押宝，提前站队。也就是说，利益集团之间的冲突，常常表现为皇帝家庭成员之间的个人矛盾。当这种矛盾变得无法调和，当皇室成员的个人野心和背后利益集团的政治诉求充分叠加时，一幕幕祸起萧墙的宫闱惨变，就要开始上演了。父子相残也好，兄弟相杀也罢，他们首先是各自集团的带头大哥，然后才是别人的父亲、儿子或者兄弟。

所以我们在翻阅历史的时候，无论什么朝代，总能看到宫廷里的各种算计和尔虞我诈。其实，宫廷本身就是一个政治场所，本来就是各种势力进行斗争、交换和妥协的地方，尔虞我诈只是它的正常表现。而看到这些互相倾轧的历史片段，有的人就会提出一个问题：为什么中国人这么喜欢内斗？

6. 中西文化差异的历史根源

在这里，我们可以从中西方历史发展的差异性，来尝试回答这个问题。

从汉武帝开始，中国各个大一统朝代的疆域，东西方向都超过了2000公里。这个距离放到欧洲，可以从西欧的法国走到东欧的乌克兰。

在漫长的历史中，总的来说，中国是作为一个整体存在的。在辽阔的国土上，各个地区之间的差异性也非常显著，各地区人民之间也存在冲突和斗争。这种冲突和斗争在统一国家的框架之下，就只能表现为一种内部冲突和斗争，也就是所谓的内斗。

在一般情况下，再激烈的冲突和斗争，最多也只能表现为帝国高层的政治倾轧。即使到最后，国家崩溃爆发战争，一般表现出来的战争形式，也只能是内战。在这样的条件下，中国的历史进程，就表现为一种内循环模式，总是在内部反复地洗牌和重组。

而我们通常所说的西方文明发源地欧洲，自从罗马帝国消亡之后，就一直没能形成统一的整体。各个地区都独立发展，形成了几十个国家和民族。在这么一块和中国面积差不多大的地方，各地区之间的冲突和斗争，就以国家间竞争的面貌出现。因此，欧洲的历史进程就表现为一种外循环模式，总是如同一堆碎片在互相挤压。

中西方文明的差异性，最根本的来源就是在这里。中西方之间不同的文化现象和民族心理就是以此为基础，逐步演化出来的。

当巫蛊事件结束的时候，汉武帝的时代就已经步入了尾声。传统史学家对这个时代的评价，以班固的"海内虚耗，户口减半"知名度最高。班固的这个评价，主要针对的是汉武帝时期的对外战争给国内造成的社会危机。不过，造成这一时期社会危机的原因，除了对外战争，气候变化也是一个非常重要的因素。

第二十五章
中国的气候变化和王朝兴衰规律

在讨论气候变化对汉武帝时期的社会影响之前，我们有必要对地球 6500 万年以来自然环境的变化情况，做一个大致的梳理。这样才能更加深刻地认识到，气候变化对历史演变的意义。下文数据、结论等源自中国科学院地理科学与资源研究所所长葛全胜等人撰写的《中国历朝气候变化》一书。

1. 6500 万年来，地球气候的大致情况

6500 万年前，一颗小行星撞击了地球。这次撞击不仅终结了恐龙时代，也同时终结了持续 7000 万年的白垩纪和持续了 1.8 亿年的中生代。当尘埃落定的时候，地球进入哺乳动物的时代，这就是新生代。新生代分为两个地质时期，第三纪和第四纪。第三纪从 6500 万年前开始，大约持续了 6200 万年；第四纪从 260 万年前开始，一直持续到今天。

从 6500 万年前开始的第三纪，是一个气候持续转冷的时期。直到大约 260 万年前，北极地区开始出现冰盖。以此为转折点，新生代进入了第四纪。此时距离上一次北极地区出现冰盖，已经过去 2.5 亿年了。

第四纪，是一个寒冷的冰期和较为温暖的间冰期反复循环的时期。

关于这种冰期和间冰期循环现象的产生原因，说法非常多，而且没有定论。这里咱们主要看一下米兰科维奇理论。

这个理论认为，第四纪冰期的周期性变化，是地球自转、公转参数和地球自身地质变化共同作用的结果：地球的绕日公转轨道，有两个分别为期41万年和为期10万年的变化周期。地轴倾斜角度，有一个为期4万年的变化周期。地球拥有两个分别为期2.3万年和1.9万年的岁差周期。

这些参数的周期变化，再加上地球板块移动造成的陆海分布的变化，就促成了第四纪冰期和间冰期循环的现象。

在120万年到260万年前，冰期和间冰期每4万年循环一次；在80万年到120万年前，主要的循环周期是4万年和10万年；从80万年前一直到今天，循环周期就变成了10万年。其中间冰期的温暖时间，最长3万年，最短只有1万年。我们现在所处的时代，就是一个间冰期，距离最近的一次冰期，是12000年前的大理冰期。

2. 地球最近10000年的气候变化

在以万年为单位的大循环之下，也存在以千年甚至几百年为一个周期的冷热循环。同时存在的，还有各种无规律的气温突变。比如新仙女木事件。这是一次发生于12000多年前的突然降温事件。这次降温持续了大约1000年，然后地球历史就进入了人类时代。这就是全新世，人类全部的文明史，都产生于从此之后的10000年之内。

全新世是一个典型的间冰期，它的气候变化大致可以分为三个阶段：从11000年到8000年前是升温时期，这也是降水量最大的时期。

原先被封闭在高山和两极地区的水，开始以各种形式回归陆地和海洋。从 8000 年到 4000 年前，这个阶段是气候最平稳的时期。温暖而且降水丰富，甚至当时的阿拉伯半岛内陆地区，也分布着湖泊。人类的主要族群和世界主要文明区域，都是在这一时期形成的。从 4000 年前，也就是公元前 2000 年左右开始直到今天，全新世的气候就持续变冷。在这个过程中，还夹杂着大量短期的小范围冷热循环现象。中国的历史发展就很好地对应了这一系列的气候变化。

3. 中国的气候变化和王朝兴衰事件对照

（1）先秦时期的气候变化

在公元前 2000 年左右，地球开始由温暖向寒冷转变，气温发生骤降。按照《墨子》和《竹书纪年》的说法，当时的江淮地区，江河在夏天也会结冰。就是在这样的背景下，尧舜禹连续发动了对三苗的战争。之后，夏朝就建立了。

经过短暂的极端严寒，气温恢复到平均水平。夏商时期的年平均气温，比现在要高 2℃左右。根据河南安阳殷墟的出土情况来看，当时的太行山、今天的河南河北地区，广泛分布着竹鼠、犀牛和大象。

这种温暖的亚热带气候，在商朝末年，也就是公元前 1100 年左右彻底发生变化。在商周交替的这个时期，气温急剧下降，亚热带一口气退缩到了淮河和秦岭以南。今天中国气候带的基本分布状况，就是在这个时期被确定下来的。

在帝辛执政的商朝末年，由于寒冷导致了严重的旱灾，商王朝留下了大量焚烧活人来求雨的记录。就在武王伐纣的时候，大雪连续下了

11 天，积雪深度达到 2 米。这次极端降温之后，用了大约 100 年的时间，气候才恢复到比较温暖的状态，但是气温始终没有恢复到夏商时期的水平。

到了公元前 860 年，又发生了一次全球性的降温事件。这一次降温持续了 90 年左右，这个时间段是最近 6000 年来，太阳活动的最低谷。在中国，刚好就是周厉王到周幽王时期。在西周灭亡十年之后，这一次极端低温天气才算过去。

之后的春秋战国又是一段比较温暖的时期，这个时期的小麦成熟时间，要比今天早约两个星期。

（2）从秦汉到新中国的气候变化

从秦汉时代开始直到新中国成立，中国各个历史时期的兴衰更替，大体遵循和先秦时期一样的规律。温暖时期国家就兴盛，寒冷时期国家就衰败。

从春秋到东汉末年，是一个持续 700 年左右的温暖时期，秋冬季节的平均温度比现在高大约 0.3℃。从东汉末年到南北朝，是持续大约 400 年的寒冷时期。隋唐是持续 200 多年的温暖期，这个时期的秋冬平均气温，比现在高 0.5℃左右。

唐朝末年到五代十国是寒冷期。两宋时期是温暖期，这个时期的平均气温虽然比隋唐要低，但还是比现在的平均气温高 0.2℃。接下来的元明清三朝及民国都属于寒冷期。

新中国成立之后，平均气温才开始持续上升，到了 2000 年，已经达到隋朝时期的水平。

4. 西汉时期的气候和自然环境

在西汉时期，气候整体上是温暖的。文景之治就是一个气候湿润、降水丰富的时代。关于这个时代的暖湿程度，咱们可以通过三种动植物的分布，建立一个大致的印象。这就是竹子、荔枝和犀牛。

在西汉，竹子的分布范围最北端到现在的内蒙古鄂尔多斯。在现在的西安，西汉曾经长期种植过荔枝、柑橘和甘蔗。在现在的汉中，西汉时期生活着犀牛和大象，数量还不少。

按照动植物分布情况和降水量进行粗略的对照可知：当时的关中盆地可能类似于现在的四川；当时的河套地区可能类似于现在的关中盆地或者太原盆地；今天的毛乌素沙漠，在当时应该是一片温带草原。

5. 汉武帝时期的极端气候灾害

虽然西汉在整体上属于温暖期，但是也存在短周期的气候突变。大致在汉武帝出生的时候，原来温暖湿润的气候，就开始向寒冷干燥的气候转变。到汉武帝即位之后，低温灾害发生的频率陡然增加，干旱开始成为主要的自然灾害。

低温气候在元封二年，也就是公元前109年发展到顶点。按照《西京杂记》的记载，这一年的关中地区有20%以上的人口被冻死。

两年之后，公元前107年，旱灾也达到高峰。这一年的夏天有大批的人口因高温天气而死亡。这一次的旱灾从公元前110年开始，持续了整整6年。在汉武帝54年的执政时间里，有明确记录的旱灾就有13次，平均约4年一次。

寒冷气候造成了大范围的旱灾，旱灾又导致了更大规模的蝗灾。

元封六年，公元前 105 年，持续了 6 年的旱灾终于结束了。但是紧接着就发生了持续 3 年的蝗灾。蝗灾最严重的太初元年，公元前 104 年的秋天，蝗虫从黄河下游出发一直飞到了敦煌郡，沿途扫荡了国家最核心的农业区。

从元封元年到太初四年（公元前 110 年—公元前 101 年），这十年是汉武帝在位期间自然灾害最严重的时期，也是汉武帝巡行全国最频繁的时期。在巡行的过程中，汉武帝经常免除途经地区的赋税。

这次寒冷气候的突变，在汉昭帝和汉宣帝时期得到部分缓解。气温有所回升，降水也大量增加。汉昭帝和汉宣帝，在位时间一共是 39 年，只发生过一次蝗灾。气候条件的好转是昭宣中兴重要的基础条件。不过这次的气温回升，更像是一种回光返照。

汉宣帝死后，汉元帝即位，又一次开始降温，降温幅度甚至超过了汉武帝时期。这次的低温气候一直维持到西汉灭亡，由寒冷气候引发的各种自然灾害，更是在王莽时期达到最高峰。在新莽王朝存在的 14 年时间里，基本上每一年都会发生旱灾，同时伴随的还有低温霜冻和蝗灾。在 14 年里，有 13 年都暴发了大规模的农田病虫害。这次的气温突变，直到王莽死后 30 多年才基本结束。

6. 汉朝应对极端气候灾害的措施——冬小麦和代田法

面对自然灾害，朝廷从两个方面积极应对。这就是升级农业和兴修水利。咱们先说农业的问题。

气候突变对汉代的农业产生了两个最直接的影响：降水不足和温度

不足。为了解决这两个问题，汉朝的应对策略是推广冬小麦和代田法。

冬小麦不仅耐寒抗旱，而且生长周期是跨年的。前半段可以利用黄河流域的秋季降雨完成最初的根茎生长。然后在寒冷的冬季进入休眠状态，等到降水和光照充足的春夏季节再重新复苏，完成主体部分的生长。

为了配合冬小麦的推广，搜粟都尉赵过根据西北地区的抗旱经验，总结了一套配合冬小麦的耕作方式，这就是代田法。代田法操作流程大体是这样的：先对土地进行深翻，疏松土壤，然后把土地均分成相互间隔的垄和沟，小麦就播种在沟里；在小麦出苗之后，陆续把垄的土壤推到沟里小麦的根部；到小麦开始抽穗的时候，整块土地就恢复成平地。等到秋季，再重复上面的过程。只不过要把本年的麦茬变成垄，把去年的垄变成沟，如此循环往复。

在小麦还是幼苗的时候，田垄能起到防风保墒的作用。在麦苗长大之后，把田垄上的土壤堆积到小麦的根部，在继续起到保墒作用的同时，还可以抗倒伏。用田垄强制扩大小麦的间距，在寒冷的气候里，能增加单株小麦的立体采光面积，而且间距的扩大还方便通风和预防病虫害。把小麦播种在沟里，不仅有利于灌溉，还有利于定点施肥，提高肥料的利用率。使用代田法的田地，既可以减少播种量，又能增加单位产出。这种把间种和轮种结合起来的耕作方式，到今天还在广泛使用。

应对气候变化，光是升级农业技术还是不够的。无论农作物多么抗旱，无论投入多少人力精耕细作，在旱灾发生的时候，终究还是需要灌溉系统的帮助。汉武帝时期，朝廷在推广冬小麦和新耕作方法的同时，还进行了大规模的水利设施建设。

第二十六章

水利工程和"看天吃饭"问题

在一般情况下，历史上的水利工程建设总是和农业紧密联系在一起的。所以在说水利工程之前，咱们就先来看看关于农业发展的一个现象，也就是所谓"看天吃饭"的问题。

1. 农业的生产环境控制问题

一般来说，工业生产需要应对的是物质的基础性质。比如重力、强度、湿度、温度、酸碱度，这些相对来说比较容易控制。而农业生产需要应对的是整个大气层、水圈和生物圈，生产环境有太多的不确定性。即使是现在，虽然人类已经拥有了化肥、塑料大棚、电子机械等，但是，只要农业生产还暴露在地球表面，人类就无法完全控制生产环境。

那将农作物完全和地表环境隔绝开，像生产工业品一样生产粮食，对产量实现精准控制行不行呢？不行。至少目前的条件下不行，因为成本太高。

2. 农作物的能量来源和生产成本

以小麦为例，一株小麦从发芽到成熟，需要消耗至少 6 万卡的能量。折合成电能，大约是 0.07 度。按照每亩 500 千克的产量计算，一亩地大约有 30 万株小麦。那么这一亩地的小麦，就至少需要 2 万度电。我国的小麦种植面积约是 3.6 亿亩。要维持这 3 亿多亩的小麦正常生长，需要的电能就超过了 7 万亿度。2019 年，我国的总发电量刚好超过 7 万亿度。

以上只是粗略计算小麦生长所需的能量，还不包括生长所需的水、空气和其他营养物质。

长期以来，农业都被看作一种低能耗、绿色环保的行业。其实，农业生产所消耗的能源之所以看上去比较少，是因为农业生产消耗掉的主要能量来源，一直都是免费的。不仅是阳光，农作物生长所需的二氧化碳、氧气、雨水、风，以及各种昆虫和微生物，这些东西都是大自然无偿提供的。人类既然选择了从大自然获取免费的供应，那就必然要承受自然变化的不确定性所造成的损失。农业生产缺乏稳定性，根本原因就在这里。所谓"看天吃饭"，本质上就是这个意思。

3. 汉武帝时期的水利灌溉形式

在 2100 年前的汉武帝时期，自然变化的不确定性，再一次影响了农业生产的稳定。在这个时期，原来温暖湿润的环境，开始向寒冷干燥转变。随之而来的就是连续不断的自然灾害，从公元前 110 年到公元前 101 年，甚至发生了持续近 10 年的旱灾和蝗灾。

元封元年	是岁小旱	《史记·平准书》
元封二年	是岁旱	《史记·封禅书》
元封三年	夏旱	《史记·武帝纪》
元封四年	夏大旱	《汉书·武帝纪》
元封六年	五月旱，秋大旱	《汉书·武帝纪》
太初元年	蝗从东方飞至敦煌	《汉书·武帝纪》
太初二年	秋蝗	《汉书·五行志》
太初三年	复蝗	《汉书·五行志》

随着旱情愈演愈烈，汉朝开始通过加大水利工程建设的力度，来维持农业生产的稳定性。中国历史因此迎来了第一个水利工程的建设高峰期。当时水利工程的建设，主要围绕着淮河两岸和关中地区展开。这两个地区的工程建设，刚好对应两种汉代最常见的灌溉形式：蓄水灌溉和引水灌溉。

（1）灌溉工程的基本原理

蓄水灌溉，在汉代大致是这样的。首先选择一个低洼容易积水的地方，在洼地的四周修筑堤坝，让洼地变成一个天然的蓄水池。等洼地蓄水充足之后，再修筑引水渠道和闸门，通过闸门调节对农田的供水。

这种人工修筑的平原水库，在汉代也叫陂塘。江淮地区地形是比较破碎的，在平原上散布着很多低矮的丘陵和小高地。再加上降水充分，施工难度也比较低，有修筑平原水库的先决条件。

汉武帝时期，淮河两岸的郡县修筑了大量的陂塘工程，光是淮北的汝南郡就修筑了30多个陂塘。以九江郡为代表的淮南地区，更是创造了全国60%以上的水浇地。淮河地区的水利工程，主要是地方郡县自己组织施工。相比之下，关中地区的水利工程建设往往就是国家工程。

（2）古代水利灌溉工程的地理限制

汉武帝时期的水利工程，主要集中在关中地区。因为关中地区是国家的政治和经济中心。当时全国有 4% 的人口生活在这个地区。因此，西汉对此地的各种基础设施的建设，一直是不惜成本的。

除了关中是国家核心区之外，还有一个原因，就是地理环境对水利灌溉的限制。

在电动机发明之前，不管是蓄水灌溉还是引水灌溉，本质上都是引导高处的水流向低处进行自流灌溉。这就要求地势不能太平坦，水源地的海拔必须有相当的高度，而且受灌溉的土地离水源地的距离也不能太远。所以，中国古代的大型水利灌溉工程，基本都集中在海拔高差较大的地区，如在各种盆地或者山脉附近。著名的都江堰，就是修建在一个大斜坡上。从邛崃山脚下的都江堰到成都，经过 70 公里的平原地带，海拔高度由 1600 米，下降到 500 米。1100 米的海拔高差，推动着岷江水覆盖了 6000 平方公里的灌溉区。而关中盆地，最大海拔高差也超过了 1000 米。西、南、北三个方向，都有河流从山区向盆地中心流淌。在 36000 平方公里的平原上，形成了天然的河网地形。

这也解释了为什么面积更大、人口更多的华北平原，长期以来在农业生产中，反而主要依赖地下水和雨水。华北平原南北长约 800 公里，东西宽约 600 公里，最大海拔高差只有 50 米，可以说是一马平川，不大具备修筑灌溉工程的先决条件。

4. 汉武帝时期的水利工程建设

在汉武帝之前，关中的水利工程最著名的是秦国的郑国渠。这条渠道直接在瓠口开挖进水口，然后渠道一路向东修，把泾水和洛水连接起来。瓠口是泾水冲出山区的地方，海拔有 500 多米，洛水流域的海拔是 300 多米。200 多米的海拔高差，让泾河水顺利地流过了 150 公里长的郑国渠。

（1）漕渠工程

公元前 129 年，也就是龙城之战的这一年。汉武帝时期的第一个大型水利工程开始修建，这就是漕渠。

西汉刚建立的时候，黄河和渭水的水上运输线路就已经打通。关东地区每年要通过这条线路，向关中输送几十万石的粮食。随着关中地区人口越来越多，粮食的缺口越来越大，水上运输的压力也逐步增大。为了避开渭水下游的曲折河段，缩短运输时间。汉朝决定重新开挖一条漕渠，专门用来运输物资。

漕渠从今天的华阴市出发，沿着渭水和秦岭之间的平原地带，到达昆明池，也就是今天西安市的七夕公园，全长 140 多公里。整个工程用了 3 年时间，在完工之后，关东每年输送到关中地区的粮食，就达到了 400 万石，大约相当于 20 万吨。

（2）龙首渠工程

8 年之后，公元前 120 年，汉匈漠北大战的前一年，就在全国动员为决战做准备的时候，汉朝开始在今天的陕西渭南市修建龙首渠。

这条渠道沿着洛水的东岸，从今天的澄城县延伸到大荔县。这次工程的难点是翻越宽约 5000 米、海拔 400 多米的商颜山（今铁镰山）。为此，汉朝的施工人员首创了井渠法。他们先测量出整条渠道的走向，然后施工放线。再沿着施工线，每隔 30 米左右挖一个竖井，让所有的竖井底部保持在同一个水平面上。然后再开挖隧道，连通所有的竖井。

在没有任何现代测量设备的情况下，汉朝动员了十几万人的军队，用了十几年的时间，耗费了难以想象的财力，才打通了整条渠道。

（3）六辅渠和成国渠工程

在龙首渠快要打通的时候，为了扩大郑国渠的灌溉面积，公元前111年，汉朝又修建了六辅渠。第二年，汉朝紧贴着渭水的北岸动工修建成国渠。这条渠道从眉县出发，向东延伸100公里，连通了渭水，整条渠道历时五年才完工。

（4）白渠工程

公元前95年，为了应对郑国渠出现的问题，汉朝开始修建白渠。

由于泾水冲出山区之后，流速很快，连年冲刷河底，导致河道逐步下沉。郑国渠原来的取水口，获得的水量越来越小。白渠工程首先改造了郑国渠的取水线路，把取水口往上游移动，然后从郑国渠分流出新的渠道，直接向东南延伸，和渭水连通。

除了以上这些灌溉渠道和运河，汉武帝时期还专门开挖了昆明渠，用来解决长安的城市用水问题。昆明池在汉唐时期，一直充当长安的城市水库。

经过几十年的不断建设，到汉武帝去世的时候，关中地区的灌溉面积已经超过了500万亩。除了作为国家重点地区的关中和淮河流域，汉朝的其他地区，比如现在的成都、汉中、合肥、济南、泰安、淄博、临汾、太原、鄂尔多斯、巴彦淖尔、阿拉善、张掖、敦煌、酒泉、库尔勒，在汉武帝时期也都在大力发展农田水利。研究水利问题，甚至成了当时士人阶层最热门的话题之一。

从公元前129年挖掘第一条渠道开始，到汉武帝去世，在40多年的时间里，那些我们不知道名字的普通民众、士兵和技术人员等，他们测绘山川江河，刨开地面修建沟渠，把泥土送上堤坝，把荒原变成农田。他们的心血和汗水，不仅挽救了汉朝的农业生产，还为后代创造了一笔笔宝贵的财富。即使到了唐宋时期，关中的水利建设仍主要是在对汉武帝时期遗留下来的工程设施进行维修和改造。

依靠他们的努力，汉朝成功熬过了自然灾害最严重的一段时间。随着汉武帝在公元前 87 年去世，以及气候环境的好转，西汉的历史进入新的阶段，这就是昭宣时期。

昭宣时期，社会经济情况开始有显著的好转。但是在政治上，汉武帝时期政局震荡的余波，还在影响着高层政治的走向。比如刘贺事件，比如刘病已的继位。

昭宣时期的社会形态，基本上还是汉武帝时期的延续，但是又有新的变化。反映在政治上，就是国家意识形态的转变和地方势力企图对汉武帝时期的政策进行清算。盐铁会议，就是这种矛盾的一个体现。

这种既有延续又有变化的社会面貌，反映了历史发展的复杂性。同时也对后来者认识历史变化的实质内核产生了困扰。对这一特点反映最明显的，就是轮台诏事件，以及围绕轮台诏的认识分歧。

第二十七章

汉武帝晚年的政策转变问题

后元二年（公元前87年）二月，汉武帝病逝在五柞宫，年仅八岁的刘弗陵即位，这就是汉昭帝。在汉昭帝身上发生的知名度较高的一件事，就是尧母门事件。

1. 尧母门事件概况

按照《汉书·外戚传》的说法，汉昭帝刘弗陵是钩弋夫人怀孕十四个月所生。汉武帝认为钩弋夫人的怀孕时间，和上古时期尧的母亲庆都怀尧的时间一样长，就把钩弋夫人所住的钩弋宫的宫门，改名叫尧母门。

关于怀孕十四个月这件事，抛开某些人喜闻乐见的宫廷阴谋或者伦理问题，从医学角度来说，造成这种结果的原因，最有可能的是假孕现象加上过期妊娠。即使到今天，还有孕妇因为月经周期问题或者错算日期，而产生所谓怀孕十二月的说法。

2. 尧母门事件与巫蛊之祸的联系

有一些观点，根据尧母门事件做出判断，认为汉武帝想立怀孕十四个月才出生的刘弗陵为新太子，然后引发了巫蛊之祸。

其实，尧母门事件，不过是汉武帝一生众多迷信活动中的一个。抓住一只所谓的"白麟"，就把年号改成元狩；在黄河边发掘出一个古代的鼎，就把年号改成元鼎。相比之下，把宫门改成尧母门，还算是动静比较小的。

汉武帝确实说过刘弗陵长得像自己，确实觉得他的出生很不寻常，想立他为太子。但是，这是啥时候的事情呢？对此，《汉书·外戚传》有明确的记录，是在刘弗陵五六岁之后，汉武帝才说的这些话。当时，太子刘据已经死了两年。

3. "轮台罪己诏"说法的由来

整个昭宣时期在大体上都可以看做汉代的过渡时期，汉朝的国家战略和意识形态，经过汉武帝时期半个多世纪的运行之后，在这个时期发生了新的变化。

关于这种变化，传统史书给出的一个标志性事件，就是所谓的"轮台罪己诏"。不管是《汉书》的作者班固，还是领衔编纂《资治通鉴》的司马光，都认为汉武帝通过这份诏书，对之前几十年的扩张政策和军事远征进行了忏悔。然后汉朝就放弃了"尚功"的国家战略，转向了所谓的"守文"。《汉书·西域传》：遂弃轮台之地，而下哀痛之诏，岂非仁圣之所悔哉。《资治通鉴》：晚而改过，顾托得人，此其所以有亡秦之失而免亡秦之祸乎！

事实上，"轮台罪己诏"这种说法出现的历史非常晚。直到南宋，才有人正式把轮台诏和罪己诏联系在一起。杨万里《读罪己诏》：莫读轮台诏，令人泪点垂。

4. 轮台诏的内容解析

（1）轮台诏的颁布原因

征和四年，公元前 89 年，桑弘羊和丞相、御史大夫联合向汉武帝递交了一个报告。他们提议在今天的轮台和库尔勒地区，扩大屯田和移民规模，同时修建新的国防工程，增强汉朝对西域的控制。奏章原文如下：

故轮台东捷枝、渠犁皆故国，地广，饶水草，有溉田五千顷以上，处温和，田美，可益通沟渠，种五谷，与中国同时孰。其旁国少锥刀，贵黄金采缯，可以易谷食，宜给足不乏。

臣愚以为可遣屯田卒诣故轮台以东，置校尉三人分护，各举图地形，通利沟渠，务使以时益种五谷，张掖、酒泉遣骑假司马为斥候，属校尉，事有便宜，因骑置以闻。田一岁，有积谷，募民壮健有累重敢徙者诣田所，就畜积为本业，益垦溉田，稍筑列亭，连城而西，以威西国，辅乌孙，为便。臣谨遣征事臣昌分部行边，严敕太守、都尉明烽火，选士马，谨斥候，蓄茭草。愿陛下遣使使西国，以安其意。臣昧死请。

（2）轮台诏的内容分解

轮台诏就是汉武帝对上述奏章的答复，轮台诏原文如下：

前有司奏，欲益民赋三十助边用，是重困老弱孤独也。而今又请遣卒田轮台。

轮台西于车师千余里，前开陵侯击车师时，危须、尉犁、楼兰六国子弟在京师者皆先归，发畜食迎汉军，又自发兵，凡数万人，王各自将，共围车师，降其王。诸国兵便罢，力不能复至道上食汉军。汉军破城，食至多，然士自载不足以竟师，强者尽食畜产，羸者道死数千人。朕发酒泉驴、橐驼负食，出玉门迎军。吏卒起张掖，不甚远，然尚厮留其众。

曩者，朕之不明，以军候弘上书言"匈奴缚马前后足，置城下，驰言：'秦人，我匄若马'。"又汉使者久留不还，故兴遣贰师将军，欲以为使者威重也。古者卿大夫与谋，参以蓍龟，不吉不行。乃者以缚马书遍视丞相、御史、二千石、诸大夫、郎为文学者，乃至郡属国都尉成忠、赵破奴等，皆以"虏自缚其马，不祥甚哉"，或以为"欲以见强，夫不足者视人有余"。《易》之卦得《大过》，爻在九五，匈奴困败。公军方士、太史治星望气，及太卜龟蓍，皆以为吉，匈奴必破，时不可再得也。又曰："北伐行将，于鬴山必克。"卦诸将，贰师最吉。故朕亲发贰师下鬴山，诏之必毋深入。今计谋卦兆皆反缪。重合侯得虏候者，言："闻汉军当来，匈奴使巫埋羊牛所出诸道及水上以诅军。单于遗天子马裘，常使巫祝之。缚马者，诅军事也。"又卜"汉军一将不吉"。匈奴常言："汉极大，然不能饥渴，失一狼，走千羊。"乃者贰师败，军士死略离散，悲痛常在朕心。

今请远田轮台，欲起亭隧，是扰劳天下，非所以忧民也。今朕不忍闻。大鸿胪等又议，欲募囚徒送匈奴使者，明封侯之赏以报忿，五伯所弗能为也。且匈奴得汉降者，常提掖搜索，问以所闻。

今边塞未正，阑出不禁，障候长吏使卒猎兽，以皮肉为利，卒苦而烽火乏，失亦上集不得，后降者来，若捕生口虏，乃知之。当今务，在禁苛暴，止擅赋，力本农，修马复令，以补缺，毋乏武备而已。郡国二千石各上进畜马方略补边状，与计对。

轮台诏全文七百多个字，其中有71%的内容是在回顾汉军对匈奴的作战经过。诏书解释了战役的直接起因和作战经过。然后用15%的内容，否决了大臣们关于扩大屯田规模、人头税每人增加三十钱补充军费、派人到匈奴刺杀单于等三个建议。否决的理由如下：

不扩大轮台的屯田规模，是因为距离太远，需要动员大量的民众；

不增加税收，是因为增税会加剧弱势群体的生活困难程度；

不派人刺杀单于，是因为匈奴对接近单于的汉人都要搜身和盘问，刺杀行动无法保密。

在最后的内容里（原文最后一段），诏书指出了现在面临的严重问题和今后朝廷工作的重心。严重的问题指的是边防工作中，国家的制度没有得到执行。边防据点的长官一门心思让士兵捕捉野兽，用来做生意。士兵很辛苦，而烽燧的管理工作却没人关心。针对以上情况，诏书指出了今后朝廷工作的四个重心：

一是要禁止官府的残酷刻薄行为；

二是要禁止官吏擅自增加税赋；

三是要大力发展农业；

四是要恢复一个法令。

其中最要紧的一点是第四点，这就是恢复马复令。这个法令是晁错制定的。根据这个法令，民间养马可以适当免除徭役。马多起来之后，这个法令可能被废除了。由于汉武帝后期的几次军事失败和马匹供应不足有关系，故武帝又想恢复这个法令。诏书的最后一句话还特别叮嘱，全国所有两千石以上的官员，都要上报如何增加马匹以及如何加强边防建设的方案。

（3）轮台诏的实质用意

综合来看轮台诏，诏书真正要说的核心内容其实就是最后一段，即关于马匹的养殖和边防建设的问题。成书于北宋的《西汉诏令》，给轮台诏的总结就是"诏畜马补边"。

在整个诏书里，和忏悔、自责、罪己稍微有些关联的只有四个字"朕之不明"。在汉代的诏书里，不德、不逮、不明、不敏等都属于常用词。其中性质最严重的是不德。不明的意思，通俗来说就是：我不够明察秋毫，所以被别人糊弄了。这类词语的使用，与其说是皇帝在表达忏悔或者自责，还不如说是一种汉代诏书的行文方式。

单纯从诏书的内容上来说，轮台诏是针对西域问题而发布的普通诏书，进行的政策调整是有专门指向的，这就是国防问题。诏书本身并不涉及对现行政策的全盘否定，而只是对某些政策进行技术性的调整。关于所谓通过轮台诏来表达对扩张政策的悔恨，与其说这是汉武帝的观点，还不如说，这是史书作者想表达的观点。

班固选择了轮台诏来划分"尚功"和"守文"两个时期，并且把轮台诏当做从汉武帝到昭宣时期国家政策转向的原因，后代的史家延续了班固的观点，所以造成了我们今天对轮台诏的通常印象。

（4）班固处理轮台诏的传播学目的

班固选择用这种方式处理轮台诏，除了想借此表达自己对扩张政策的反对态度，还有一个很重要的原因，就是传播学的需要。这是古今中外每个文字工作者都要考虑的问题。

帝王的一份诏书就能决定国家的兴亡。一个雄才大略的皇帝，幡然悔悟，然后挽救了国家的危机。这种戏剧化的演绎，更符合传播学的特点，更容易被人记住。后悔、自责，这些平常人也会碰到的事情，容易引起读者的共情心理。上天的儿子、至高无上的皇帝，也会犯错，也会忏悔。这种身份、地位和行为之间的强烈反差，更容易加强读者的印象和阅读兴趣，也更容易让读者认同作者掺杂其中的个人观点。

所以"轮台罪己诏"这个名字，比轮台诏或者畜马补边诏传播得更广，知名度更高。

5. 托孤大臣

对汉武帝来说，轮台诏表明他开始着手对国家政策进行调整。他调整了国防政策，更加重视农业，还给丞相封了个富民侯。但是，这是不是意味着，他准备全盘否定之前半个世纪的国家战略，而转向所谓的"守文"呢？

（1）托孤大臣的基本情况

在轮台诏颁布一年多之后，汉武帝就去世了。他本人对国家战略，到底还有什么样的考虑，我们已经不得而知。不过，他临死前对托孤大臣的选择，比起轮台诏或许更能反映他的真实想法。

汉武帝在临死之前，给八岁的刘弗陵指定了四个托孤大臣。这四个人分别是：霍光、金日磾、上官桀和桑弘羊。

霍光，是霍去病的弟弟，从十几岁开始就在宫廷里担任郎官，一路做到奉车都尉。这是一个两千石的职位，负责管理皇帝的车辆。霍光生性谨慎，在宫廷工作二十多年，没有犯过一次错误。

金日磾，本来是匈奴休屠王的太子。后来休屠王部被霍去病击败，在准备投降汉军的时候，休屠王临时反悔，被准备一起投降汉朝的浑邪王杀死。然后十四岁的金日磾被汉军带到长安，和母亲一起被罚为奴仆，金日磾负责给宫廷养马。因为性格严肃谨慎，再加上马养得很肥壮，金日磾被汉武帝看中。到汉武帝去世之前，金日磾做到了驸马都尉。

在多匹马共同拉车的时候，处在最外边的马匹叫驸马，中间最靠近前轮的马匹叫辕马。驸马都尉也是个两千石的职位，负责管理皇帝的副车。秦汉时期，皇帝在出行的时候，要同时准备几辆规格相同的副车，防止被人刺杀。这种安全措施，曾经在博浪沙救过秦始皇的命。

和霍光一样，金日磾也是几十年如一日地谨慎，从来没有犯过错误。

上官桀，最开始是在羽林军和期门军做郎官，后来因为身体强壮，又很会说话，在汉武帝死之前，被提拔到了太仆的职位。这个职位是九卿之一，掌管御用马匹和国家牧场。

桑弘羊，商人家庭出身，因为精通心算，十三岁就成为侍中。先后担任过大农丞、治粟都尉、大司农。到汉武帝去世之前，他的职务是搜粟都尉。从公元前120年开始，桑弘羊就是汉朝经济工作的主要负责人。

在汉武帝去世的前一年，将军马通和哥哥马何罗因为和江充关系好，在汉武帝开始清算江充的时候，害怕受到牵连就企图谋反，还想刺杀汉武帝。结果这个阴谋被霍光、金日磾和上官桀联手挫败。这次事件在某种程度上，算是替汉武帝完成了对他们三个人的考验。而金日磾，在马何罗企图刺杀汉武帝的时候，还与之徒手搏斗。

（2）托孤大臣的作用

汉武帝把霍光比作周公，封他为大将军兼大司马，让他做刘弗陵的保护人，同时通过尚书机关控制全国的行政工作。封桑弘羊为御史大夫，负责监察全国的官僚系统，同时，让他继续负责经济工作。汉武帝知道，他一死，桑弘羊就失去了最大的支持者。因此汉武帝希望通过增加桑弘羊的权力，让他继续推行既定的经济政策，同时也对其他三个人起到牵制作用。

从汉武帝对托孤大臣的安排，我们可以大致猜测出汉武帝临死之前的两个顾虑。首先是担心童年即位的汉昭帝无法稳固皇位。为此他选择的托孤大臣，全都是跟随了自己几十年、行事谨慎、表现忠诚的人。其次是担心人亡政息，之前的各种制度和政策会半途而废。所以他选择的托孤大臣，全部是认可自己政策的人，否则汉武帝也不会把他们留在身边几十年。但是汉武帝仍然不放心，为了政策的延续性，他在临死之前还专门加强了桑弘羊的权力。并且可以看出，汉武帝还是希望自己生前制定的国家战略能延续下去。很多人设想的在汉武帝临死前国家政策发生了重大转变，这种情况实际上是不存在的。从后来的情况看，至少汉武帝时期的经济政策，基本上被昭宣二帝继承了下来。

6. 国家政策调整的一般性

其实，对于一个由成熟的官僚集团管理的国家来说，国家政策的形成和调整，是一个国家运作过程中的日常行为。制定政策、调整政策，本来就是君主的主要工作。这项工作既不神秘，也没有什么戏剧色彩。

社会的不同发展阶段，本身对国家战略就会提出不同的要求。一个成熟的政治家会顺应或者引导这些社会需求，来实现自己的政治抱负，而有些人则相反。

英明的君主或者伟大的贤臣，振臂一呼然后整个国家的面貌陡然一变，这种情况从来就没有发生过。在他们振臂一呼的时候，促成变化的基础就已经具备或者在发展中了。正是因为看到了这种社会基础或者发展趋势，所以他们才开始推进自己的政策。古今中外各种重大的国家战略的转变，各种革命或者变法，总的逻辑大体如此。

轮台诏只是朝廷一个日常工作的反映。真正能体现国家大政方针的是汉昭帝时期的盐铁会议，以及由此而来的《盐铁论》。

第二十八章

盐铁会议和上官桀谋反案

汉昭帝刘弗陵八岁即位，二十一岁去世，一共在位十三年。以后人的视角来看，在这十三年里发生的重大历史事件主要是两个：政治领域的是上官桀谋反案，经济领域的是盐铁会议。咱们先来看盐铁会议。

1. 盐铁会议概况

在汉昭帝即位六年之后，汉朝中央召开了一次有关经济政策的讨论会。

最早提议对现行经济政策进行讨论的，是霍光的下属杜延年。他认为连年遭遇灾荒，应该恢复文帝时代的政策，这样上天就会感应到，自然就会有丰收了。在他的提议下，霍光举办了这次会议。

参与这次会议的分作两方，一方是以御史大夫桑弘羊和丞相田千秋为代表的朝廷官员，一方是以贤良文学为代表的社会基层。其中，参加会议的贤良文学一共有六十多人，这些人是在前一年的六月从地方上选拔出来的，其中"贤良"来自关中地区，共八人，"文学"则来自其他郡国。根据汉代察举制的规定，贤良的主要来源是六百石以下的基层官吏，而文学在汉代基本上指的是儒生。会议的主题，是由基层代表向中央反映地方出现的问题，然后双方讨论是否要废除国家对盐、铁和酒的专卖政策。

所谓专卖政策，笼统地说，就是国家对某些生活必需品进行垄断，由政府掌握从生产到销售的所有环节，然后把税额添加到商品的售价当中，通过商品的流通，实现对全社会的税收覆盖。这种税收方式到今天也在广泛使用，比如燃油和烟草。

2.《盐铁论》内容分解

盐铁会议的主题，原本是非常明确的，只是讨论国家经济政策里的盐铁和酒类专卖问题。但是和现在的网络辩论一样，会议很快就跑题了。贤良文学主动把话题扩大到了国家和社会的各个方面。

这次会议的内容，大约在二十年后由桓宽整理成书，这就是《盐铁论》。有观点认为，桓宽在思想上倾向于贤良文学，在整理会议记录的时候，掺杂了大量自己的观点，可能存在造假行为。关于这个问题，这里我们不做讨论。即便以上所说的情况存在，也能间接地反映当时某些阶层对相关问题的态度。

《盐铁论》一共有十卷、六十篇。从篇幅上来说，会议讨论最多的其实是意识形态问题，其次是匈奴和国防问题。除此之外，是对政治体制和社会民生问题的讨论，以及双方互相讽刺、打口水仗。真正讨论经济问题的，大约只占了全部内容的 16%，分布在《本议》《力耕》《通有》《错币》《禁耕》《复古》《轻重》《未通》《授时》《水旱》等篇中。

盐铁会议从经济问题开始，实际上演变成了对国家内外政策的大辩论。盐铁会议的内容非常庞杂，涉及经济、国防、法律、伦理、学术等方面。这里咱们只看和经济问题有关的部分。

3. 盐铁会议的争论核心

在经济问题上，双方争论的核心大致是三个方面。

（1）是否要取消专卖政策

关于这一条，贤良文学坚持废除专卖政策，让国家放弃对经济活动的干预。他们的理由是：

①国家追逐经济利益会带坏社会风气，人民向往商业活动会破坏农业生产。

② 国家垄断经营，造成官商勾结问题。

③国家批量生产的铁器质量不好，妨碍农业生产，但因为是专卖，好坏农民都无法选择，而且存在供应不足和向民众摊派购买的问题。

④国家大量收购基础物资，引起物价上涨，给商人提供了牟利空间。

对此，桑弘羊一方进行了反驳，他们的理由是：

①因为匈奴的侵略，国家不得不进行反击，因此导致了财政问题，这才有了专卖政策。

②让人民富足，方法有很多，农业生产不是唯一的道路。

③国家推行专卖政策最重要的目的，就是对社会财富进行重新分配，抑制豪强的兼并，不光是从民众身上赚钱。

④均输平准法是国家收集更多资源的手段，不光是为了军费开支。只有控制了全国的资源，朝廷才能应对自然灾害。

贤良文学反驳了关于专卖政策源于匈奴侵略的说法，他们认为只要国家推行仁政，就会天下无敌，根本用不着什么军费。对此，桑弘羊一方认为，贤良文学们既不敢到边境上去抗击匈奴，又总想着破坏筹集军费的工作，在道义上站不住脚。

（2）国家是否应该统一铸币权

贤良文学们认为，国家应该放开铸币权，他们的理由是：

①古代的货币就有很多样，也没有妨碍货物的流通，民众也保持了安乐。

②货币发行的过程中，负责铸币的人员从中牟利，导致货币的质量不稳定。还有商人趁机进行投机活动，给民众造成了损失。

对此，桑弘羊一方的观点是：

①国家不统一铸币权，就会制造出富可敌国的超级豪强和地方势力。如果国家连货币都不能统一，会让民众产生离心倾向。

②国家放弃铸币权，会在社会上形成一种奸诈作伪的恶劣风气。如果民众对通过非法活动获取巨额收益充满了期待，那正常的生产活动就无法维持了。

（3）垄断性行业是应该由国家控制还是交给社会资本

贤良文学认为，国家应该恢复文景时期的制度，放弃对森林、山川、矿产这些自然资源的垄断。他们的理由是：

①国家控制的采矿和冶炼业，开采和运输都需要大量的劳动力，给民众造成了很大的痛苦。

②地方官府为了完成生产任务，强行向民众摊派，用低价从民众手里收购生铁。

对此，桑弘羊一方的观点是：

①如果国家放弃垄断，豪强就会起来垄断这些资源。让豪强获取对资源的垄断权，他们就会通过投机活动牟取暴利，等于是把财物存放在

了强盗手里。

②对于自然资源来说，除了国家之外，只有豪强和富商有能力去开发。普通的民众没有能力从国家放弃的权利中获取收益。

4."与民争利"的实质含义

关于双方的争论，我们不讨论他们观点的对错。在这里只解释其中一个词的意思，这就是很有名的"与民争利"。这个词出现在《盐铁论》的第一篇："今郡国有盐、铁、酒榷，均输，与民争利。散敦厚之朴，成贪鄙之化。是以百姓就本者寡，趋末者众。夫文繁则质衰，末盛则本亏。"

结合上下文的意思来看，贤良文学们说不要与民争利的时候，他们的完整含义是：反对朝廷以工商业的形式从民众身上获取财政收入。

他们不是反对从民众身上获取收入，而是反对以工商业的形式获取。在他们的价值观里，国家赖以生存的基础是农业，而朝廷却大力发展工商业，甚至依赖工商业解决财政问题。在他们看来，这在价值观上是一种本末倒置的危险行为。而同样的一句话，对桑弘羊一方来说，却有另外一层含义。在桑弘羊看来，专卖政策就是要与民争利。但是所争夺的不光是钱，更重要的是朝廷要和豪强、富商争夺从民众身上获取收益的权力。

基础生活物资，比如盐和铁，由于自然环境的因素，这些行业天然地具有垄断性，无非是谁来垄断而已。桑弘羊认为，与其让豪强、富商来垄断，然后制造出不受朝廷控制的反叛者，还不如由朝廷垄断这些行业。在《盐铁论·禁耕》里，桑弘羊直言不讳地说：盐铁专卖政策，就是发源于冶铁富商曹邴氏和吴王刘濞。

5. 立场的判断和所谓"客观中立"的问题

盐铁会议，不同观点进行了激烈的交锋。我们该怎么判断他们各自的立场呢？一般来说，要想透过言辞来判断一个人的真实立场，只需要看他的言辞付诸实施之后，谁受益，谁受损就可以了。

在这个世界上，只要是个人，就会有自己的立场，就会有自己的利益诉求。不管是在网络上还是在现实中，我们常常能听到这样一种说法，就是"客观中立"。从纯粹哲学的角度来说，客观中立确实是一种很好的分析问题的工具。

但是，某些人却把"客观中立"当成了一种话术和辩论技巧。他们发出的所谓客观中立的呼声，其实隐含了另外一层意思，那就是要求你提前放弃自己的立场和利益诉求，然后去考虑对方的立场和利益诉求的合理性。问题是，凭什么你得先放弃自己的立场呢？你的立场很罪恶吗？

盐铁会议的双方都很清楚这个道理，他们都明白自己的利益在哪。从头到尾所有人都坚定守住了自己的立场。贤良文学们坚持用意识形态和伦理观念去重新修订国家政策。桑弘羊一方则坚持应该从实用和功利主义的角度，去考虑国家的大政方针。

辩论的结果是谁也没有说服谁。到最后，桑弘羊不想再谈下去了。他对贤良文学们说：哎呀，用胶水粘的车子突然遇到雨啊，大家散了吧。整个会议就此结束。

6. 盐铁会议的结果

这次大辩论在五个月之后有了结果。在当年的七月，朝廷取消了对酒类的专卖政策，改成占租模式。就是让酒商自己申报产量，然后按照每升酒四钱的比例来纳税。

对于这个结果，贤良文学们不满意，桑弘羊一方也不满意，就连《盐铁论》的作者也不满意。桓宽在《盐铁论》的最后一篇《杂论》里，就对参与会议的桑弘羊进行了抨击。他说桑弘羊的行为是歪门邪道，所以最后全家都死光了。说田千秋在会议上一言不发，只知道保全自身，没有尽到丞相的责任。说田千秋和桑弘羊的下属都是阿谀奉承的小人，不值一提。

如果要说有谁对这次会议的结果是满意的，按照某些观点，这个人可能就是霍光。这个时期，身为首席托孤大臣的霍光和其他托孤大臣的斗争，已经非常激烈了。在盐铁会议结束的第二年，就爆发了上官桀谋反案，上官桀和桑弘羊都被处死。

7. 上官桀谋反案始末

在某些观点里，公元前81年霍光发起的盐铁会议就是为了借贤良文学们来冲击桑弘羊的威信。

汉武帝临死前指定的四个托孤大臣，到汉昭帝即位之后，就在朝廷上形成了一个多头政治的局面，而多头政治往往意味着内斗。金日磾在汉昭帝即位的第二年就病死了，没有参与这场争斗。矛盾的中心点主要集中在霍光和上官桀之间。

　　说起来，霍光和上官桀还是儿女亲家，霍光的一个女儿嫁给了上官桀的儿子上官安。有意思的是，霍光和金日磾也是儿女亲家，另一个女儿嫁给了金日磾的儿子金赏。

　　霍光和上官桀矛盾的加剧，开始于公元前83年。这一年，上官桀五岁的孙女，也是霍光的外孙女，嫁给了十二岁的汉昭帝，成为皇后。上官桀一下子从托孤大臣变成了外戚。有了外戚的身份，上官桀就开始联合其他势力，蚕食霍光的权力。

　　按照《汉书·霍光传》的说法，上官桀谋反集团的形成过程是这样的：即位的汉昭帝年龄太小，朝廷就安排汉武帝唯一还活着的女儿鄂邑长公主负责照顾汉昭帝。长公主有一个情夫叫丁外人，上官桀和他的儿子上官安，想让皇帝给丁外人封侯，遭到霍光的反对。长公主和上官父子就开始怨恨霍光。当初上官桀就是通过长公主的关系，才让自己的孙女当上了皇后，所以他们很快就勾结在一起，开始搞阴谋。很快，汉武帝的另一个儿子燕王刘旦也参与了进去。他倒不是怨恨霍光，而是怨恨汉昭帝。

　　刘弗陵是钩弋夫人怀孕十四个月所生。关于这一点，不光我们现代人觉得有疑点，就是当时的人也觉得有疑点。燕王刘旦就公开怀疑刘弗陵不是汉武帝的亲儿子。

　　除了燕王刘旦，桑弘羊也参与进了这个阴谋集团。他参与进去的原因，是为自己的子弟求官遭到了霍光的反对。最后的结局是，这些人在盐铁会议结束的第二年九月，全部被处死。

　　《汉书·霍光传》记录的关于上官桀、燕王旦、桑弘羊这些人的谋反经过，真实性到底如何，也有人怀疑过。有的观点就认为，桑弘羊是因为坚持汉武帝时期的政策，给霍光的改革造成了阻碍，所以霍光趁机冤杀了他。

不过就后来的实际情况看，霍光并没有对汉武帝时期的经济政策进行根本性调整。两个人在国家政策方面的分歧，可能没有那么大。

8. 汉昭帝时期的诡异事件

四个托孤大臣只剩下一个，对汉昭帝皇位有威胁的诸侯王也没了。从此之后，霍光算是完全掌握了这个国家，开始了他的权臣生涯。直到汉昭帝去世，霍光都一直掌握着国家大政，刘弗陵始终没能亲政。

汉昭帝时期，虽然政局在总体上保持了平稳，但也有一些异常事件发生。他即位的第五年，公元前 82 年，有一个叫张延年的人来到长安，自称是太子刘据。在张延年被处死四年之后，又发生了更诡异的事情。公元前 78 年的春天，泰山上的一块石头自己立了起来，长安附近的上林苑有柳树死而复生，而且还有小虫子在树叶上啃咬出了一句话："公孙病已当立。"

四年之后，汉昭帝就去世了，而且没留下任何子嗣。

综合以上情况，以及汉宣帝刘病已最后成功继位的事实，有些人就推测出了一个有关太子集团的阴谋论：在太子刘据自杀之后，太子集团遗留下来的人，经过十几年的秘密策划，终于把原本属于太子的皇位，成功还给了他的后代。

这套阴谋论最大的论据，就是汉昭帝死后，昌邑王刘贺的继位和被废。

第二十九章
27 天的皇帝

元平元年（公元前 74 年）四月十七，年仅 21 岁的汉昭帝在未央宫去世。他没有在有生之年生出一个儿子，看《汉书》的记录，可能连女儿也没有。

1. 刘贺的即位经过

在当时，汉武帝所生的六个儿子，只有一个广陵王刘胥还活着。大臣们讨论的结果是应该让汉昭帝的哥哥广陵王来即位，但是霍光对这个结果不满意。

这个时候，有一个郎官就给朝廷打报告，说广陵王刘胥不适合当皇帝，应该废长立少。霍光赶紧把这个报告拿给丞相杨敞看，在当天就以皇太后的名义，派人带着诏书去找昌邑王刘贺，让他来长安主持汉昭帝的葬礼。这里的皇太后，就是上官桀的孙女、霍光的外孙女。汉昭帝死后，她从皇后自动升级为皇太后。

刘贺是昌邑王刘髆的儿子，昌邑王的母亲就是李夫人，舅舅就是贰师将军李广利。从辈分上说，刘贺算是汉昭帝的侄子，不过从年龄上说，他和汉昭帝相差不太大。

刘贺接到诏书之后，在朝廷使者的陪同下，立刻就带着人出发了。

他们一路狂奔，经过今天的兰考县和灵宝市，一路向西进入关中。大鸿胪韦贤在霸上迎接他们，然后刘贺就换乘了御用的车辆，从清明门进入长安。刘贺先朝拜了皇太后，然后被册立为皇太子，继承了汉昭帝的法统。在六月初一，也就是汉昭帝去世一个半月之后，刘贺接受了天子的玺印，正式成为汉朝的第七任皇帝。

2. 刘贺的被废经过

（1）霍光联合群臣

但是刘贺连一个月都没撑满，27天之后，在即位同一个月的二十八日，就被皇太后废黜了皇帝之位。关于刘贺被废，《汉书》记录的经过大致是这样的：刘贺登基之后，干了很多违反礼仪和汉朝制度的事情，还有淫乱后宫的行为，引起霍光的强烈不满。霍光就专门找了自己的亲信田延年，问他该怎么办。田延年回答说：您担负着国家的重任，如果觉得这个人不适合当皇帝，为什么不跟太后说，再重新选一个呢？霍光说：我也想这么办，就是不知道从前有没有过先例呢？然后田延年就举了商朝的伊尹做例子，霍光听从了田延年的建议，就开始偷偷联系车骑将军张安世，来谋划这个事情。

张安世是张汤的儿子，本来是尚书令，在上官桀谋反案爆发之后，被晋升为右将军，担任霍光的副手。汉昭帝去世之后，霍光又立刻把他提拔为左将军。和张安世商量好了计划，霍光又让田延年去联系丞相杨敞。杨敞害怕如果反对，可能先被霍光诛杀，就选择了听从霍光的命令。

到了六月二十八日这一天，霍光召集丞相、御史大夫，以及长安城中两千石以上的官员和列侯在未央宫开会。霍光说：昌邑王的昏聩淫乱，恐怕会危害国家，大家说说怎么办吧？大臣们惊讶得脸色都变了，但是谁都没有顺着霍光的意思往下说。

这个时候，亲信的作用就突显出来了。参加会议的田延年主动站出来，用手按着佩剑，对霍光说：当年先帝把年幼的孤儿和天下都委托给将军您，是因为以您的忠诚和贤能可以安定刘氏。今天的事情，必须立刻解决，群臣中如果有谁敢迟疑，臣下我请求用这把剑斩杀了他。

看到这种情况，大臣们只好选择了服从。

（2）控制宫禁

霍光立刻带着大臣们到长乐宫，向太后报告了情况。太后就亲自来到未央宫的承明殿，控制了未央宫的守备部队，然后以太后的名义下令，禁止昌邑国来的人进入未央宫。

承明殿是皇帝大会朝臣的地方，同时也是官吏日常值班的地方。为了保证太后控制未央宫的行动顺利完成，霍光专门打了一个时间差。按照制度，作为皇帝的刘贺需要去拜见太后。二十八日这一天，在刘贺沿着棻街去长乐宫拜见太后的时候，霍光抢在刘贺之前带着太后，从尚冠街进入了未央宫。

刘贺从长乐宫返回未央宫，进入金马门之后，宫门立刻就关闭了，把刘贺从昌邑国带来的属官都拦在了外面。亲自镇守在金马门的霍光，让车骑将军张安世带着羽林军，把刘贺的下属全部抓进了廷尉署的诏狱。刘贺这个时候还不明白到底发生了什么，他对周围的人说：我的下属到底犯了什么罪，大将军要把他们都抓起来？

过了没多久，太后下诏书让刘贺去承明殿，这个时候他才开始害怕。

（3）群臣列举刘贺罪行

霍光调动期门军在承明殿的台阶上进行警戒，让几百个宫廷卫士守护在太后的周围。等大臣们都上殿之后，尚书令开始宣读群臣请求废黜刘贺的联名奏章。奏章的开头是一个多达36人的大臣名单，除了第一名丞相杨敞和第二名霍光之外，还包括张安世、杜延年、田延年、苏武和赵充国等人。

奏章的内容主要是列举了从来京城的路上，到六月二十八日之间，刘贺所犯下的罪行。由于列举的罪行实在太多，咱们只挑选几个主要的说一下：

第一，在来长安的路上，刘贺没有表现出悲痛，而且违反礼仪，没有坚持素食。

第二，被立为皇太子之后，常常私底下偷吃鸡肉和猪肉。

第三，刘贺的属下拿着皇帝的符节，带着两百多个从昌邑国来的人进宫，和刘贺玩游戏。

第四，和汉昭帝遗留下的宫人发生性关系，还对掖庭令说，有敢泄露外传的人都要腰斩。

第五，刘贺接受皇帝玺印以来的27天里，他派出的使者，不断向长安的各个官署要东西，一共要了1127次。

按照这些罪行来判断，刘贺不仅违反了国家制度，而且人品道德也有问题。

宣读完了奏章，由丞相杨敞代表大臣们进行总结发言，请求皇太后废除刘贺的皇帝之位，太后立刻表示了同意。于是，霍光就让刘贺跪拜接受诏书。刘贺说：听说只要有七个敢于劝谏的大臣，即使天子再无道也不会失去天下。霍光说：太后有诏命，你已经不是天子了。然后霍光抓住刘贺的手，把皇帝的玺绶从刘贺身上解下来，交给了太后。

朝廷最后对刘贺的处理结果是：

第一，废掉昌邑国，给刘贺个人增加两千户，然后把他送回原封地。

第二，除了曾经规劝过刘贺的昌邑国郎中令龚遂和昌邑国中尉王吉，被剃掉头发判了五年有期徒刑之外，跟随刘贺来长安的其他两百多个下属全部被处死。

3. 关于刘贺被废事件的阴谋论

以上就是从汉昭帝去世到刘贺被废的大致经过。关于这段历史的细节主要记录在《汉书·霍光传》和《汉书·昌邑王传》中。看完了这些记录，咱们再来看看某些阴谋论观点对事件前因后果的推测。

（1）刘贺的先立后废，是以霍光为首的太子集团策划的阴谋

这种说法认为，太子刘据虽然死了，但是太子集团仍然在三件事情上表现出了他们的强大能量。这就是壶关三老事件、长安天子气事件和刘病已的早年经历。

① 壶关三老事件

征和二年（公元前91年）七月十七，太子刘据逃出了长安城。过了二十多天被官府发现，然后自杀了。在刘据自杀之前，有壶关县的三老给汉武帝上书，为太子申冤。

三老不是指三个老年人，而是一种从战国时期延续下来的地方头衔。三老不是官吏，但也不是平民百姓，算是一种国家认可的地方领袖，主要任务是负责地方上的道德教化和舆论引导。按照《汉书·高帝纪》的说法，每个县和乡都有自己的三老，三老的年龄要在五十岁以上，他们不用服徭役，每年的十月可以得到朝廷的赏赐。

汉代的壶关县城，大致就在今天山西省长治市屯留区和潞城区之间。今天从这个地方到西安，走高速大约有五百公里，换算成汉代的里，就超过了一千里。从三老的上书中可以看出，他们对太子见不到汉武帝和江充逼迫太子的事情，是非常清楚的。

在太子自杀之前这个把月的时间里，很多信息还处在一片混乱的状态。一个远在千里之外的老年人，是怎么知道事件细节的呢？

② 长安天子气事件

巫蛊之祸爆发，太子一家只有刘病已活了下来。他被廷尉监丙吉收养在郡邸狱里，这一住就是三年多。郡邸狱并不是普通的监狱，和现在各个省的驻京办事处一样，汉代的时候，各个郡国都在长安设有自己的府邸，用来招待各个郡国往来京城的办事人员。郡国每年都要向中央提交财政报告，如果出现了问题，这些上京的人员，就会被暂时羁押在他们所属的郡国府邸。

巫蛊之祸牵连的人太多，而且好几年都无法结案，所以廷尉署就借用这些郡国府邸，临时关押一部分人。刘病已就是其中之一。

在汉武帝临死之前，有所谓的望气者说长安的监狱里有天子气，汉武帝就派人去把囚犯都杀光。宦官郭穰连夜找到关押刘病已的地方，要执行汉武帝的命令，但是被丙吉拦住了。丙吉抗旨的理由是：普通人也不能随意杀害，更不要说皇曾孙了。

丙吉和郭穰从晚上一直对峙到天亮，汉武帝知道后，感慨不已，就大赦天下，放过了涉案的所有人。

这件事情发生在后元二年（公元前 87 年）。后元是汉武帝的最后一个年号，在当年的二月十四，汉武帝就去世了。当时汉武帝已经离开了长安，正在从甘泉宫去五柞宫的路上，陪在汉武帝身边的就是霍光。

丙吉敢于抗旨已属反常行为。我们再看看刘病已的整个早年经历，也很不寻常。

③ 刘病已的早年经历

在丙吉抗旨事件发生之后，汉武帝就赦免了所有人，恢复了刘病已的皇室身份。还专门下诏书，把刘病已收养在未央宫的掖庭。在汉代，按照制度，婕妤以下的嫔妃都要住在掖庭。掖庭有掖庭令，负责日常管理。当时的掖庭令是张贺，他是张汤的儿子、张安世的哥哥。张贺原本是太子刘据的下属，因为巫蛊之祸被判了死刑，当时已经做到尚书令的张安世就向汉武帝求情，最后改判了宫刑，然后张贺就被任命为掖庭令。

有汉武帝的诏令做保证，刘病已就在掖庭住了下来。他是什么时候搬出去的，史书没有记录。也有说法认为，他一直就没搬出去，直到即将被立为皇帝的时候，才从未央宫搬到了尚冠。

如果是这样，那刘病已在未央宫生活的时间，比刘弗陵还要长。刘弗陵即位之后，一直住在长安城外的建章宫，在上官桀被处死之后才搬回未央宫，回到未央宫五年之后就去世了。在汉昭帝最后的五年时间里，刘病已和刘弗陵可能是生活在一起的。如果是这样，那么刘病已就在未央宫里见证了昌邑王刘贺先立后废的全过程。掖庭令张贺非常照顾刘病已，专门请人向刘病已传授《诗经》。刘病已和妻子许平君的婚事，也是张贺操办的，连聘礼都是张贺给的。

④刘病已即位的法理问题

对刘病已来说，他要想即位，有一个礼法上的困难，这就是辈分问题。刘病已是汉武帝的曾孙，是汉昭帝的孙子辈，按照礼法传统，他的继承顺序是很靠后的。必须清除排在前面的汉武帝的儿子辈和孙子辈，才能轮到他。

汉武帝死后，他的儿子辈活着的还有汉昭帝刘弗陵和广陵王刘胥。

汉昭帝死后绝嗣，霍光选择了汉武帝的孙子辈刘贺来做皇帝，然后又废黜刘贺。这样，排在刘病已前面的汉武帝儿子辈和孙子辈就都被清除掉了。

元平元年（公元前74年）七月二十五，刘病已顺利地成为新的皇帝。

当初在监狱里挽救刘病已性命的是丙吉；传诏让刘贺来长安的人里也有丙吉；刘贺被废黜之后，提议立刘病已为皇帝的，还是丙吉。丙吉后来当了大将军长史，很受霍光的器重，在汉宣帝即位之后还做过丞相。

（2）刘贺的被废是由于霍光和刘贺的权力冲突

以上就是有关刘贺事件和刘病已即位的推测。不过，对于以上这种阴谋论的观点，也有很多人持不同的反对意见。关于霍光废黜刘贺的原因，有些观点就认为，霍光选择刘贺当皇帝是因为刘贺年轻好控制，后来选择刘病已也是这个目的。刘病已比起刘贺，更势单力孤，更没有威胁。霍光废黜刘贺，主要是因为刘贺集团和霍光集团的权力冲突，和霍光企图让刘病已即位没有关系。理由如下：

第一，在群臣请求废黜刘贺的奏章里，列举了很多刘贺的"罪行"。但是刘贺还干了一件很重要的事，这件事在奏章里却没有说。刘贺成为皇帝之后，让原来昌邑国的国相安乐去当长乐宫的卫尉。

长乐宫是太后的寝宫，这个安排有控制太后的企图。而霍光的权力名义上就是来源于太后，刘贺一上来就想釜底抽薪，这是霍光集团绝对不能容忍的。

第二，刘贺被废之后，他的下属基本都被处死了，只有昌邑国郎中令龚遂和昌邑国中尉王吉保住了性命。刘贺的下属在被执行死刑之前，就在路上大喊："当断不断，反受其乱"。这说明刘贺集团也有过清除霍光的计划，只是还没来得及实施，霍光就先下手为强了。

王吉在刘贺去长安之前就提醒过他，要注意维持与霍光的关系，要忍耐，不要乱搞事情。龚遂在安乐当上长乐宫卫尉之后，就找过安乐，对他说：现在就算是辞职或者装疯，恐怕也躲不掉灾祸了。这说明，王吉和龚遂对刘贺进京之后可能和霍光发生冲突，是有清醒认识的。

第三，群臣所列举的刘贺的罪名，其中有这么一条：刘贺给自己的属下发放了大量两千石的绶带。从政治斗争的角度来说，这是刘贺企图在短时间内把自己的下属塞进朝廷。为此，不可避免地要对大量官员的岗位进行调整。

霍光可能就是利用了这个时期，在官员对刘贺制造的混乱局面产生恐慌时，才把他们联合在一起发动了对刘贺的政变。在群臣废黜刘贺的联名奏章上一共有 36 个人，涉及了三公、九卿，以及军队、行政系统和舆论领袖各个方面。能在短时间内组织这么多人参与政变活动，除了霍光本人势力强大之外，可能也缘于朝廷的官员们对刘贺调整官员岗位的不满。

关于霍光集团和昌邑王刘贺废立事件的关系，还有很多其他观点，在这里不再一一赘述了。

4. 刘贺的结局

刘贺被废掉皇帝之位以后，昌邑国也同时被撤销，连诸侯王的身份也没有了，但也没被废为庶人。所以，他过着一种很尴尬的生活。这种尴尬的状态持续了九年。公元前 63 年，汉宣帝册封刘贺为海昏侯，让他搬到了今天江西省九江市的永修县。四年之后，他就死在了这里。他死后不久，两个儿子也跟着去世了，海昏侯国也被撤销。

2011 年，刘贺的墓葬被发现，出土的文物里有大量陪葬用的黄金。《汉书·昌邑王传》的说法是，昌邑国被撤销之后，封国的全部财产都留给了刘贺。而刘贺又对当皇帝却被废的经历心有不甘，故大量的财产跟刘贺一起，被埋进了地下。这也可以解释为什么刘贺的墓葬有那么多的金银和铜钱。

按照史书的记录，刘贺被废黜之后，生活是过得相当憋屈的，处处受到监视。那刘贺的心理状态是什么样的呢？刘贺的墓葬里，出土过一个印章，上面的文字是"大刘记印"。

按照某些观点的解释，大刘的意思是暗指自己才是刘氏的大宗，是汉家江山的合法继承人。或许在刘贺的眼里，汉昭帝来历不明，汉宣帝是罪人后代，自己这一支才是应该继承皇位的刘氏嫡传。如果这种猜测是真的，那说明刘贺到死都是很不服气的。

按照《汉书》的记录，刘贺是个小丑一样的人物。不过他倒是给现在的南昌留下了一份礼物。南昌这个词目前已知最早的实物出处，是刘贺墓葬里出土的一尊青铜豆型灯灯座。某些观点认为，搬到鄱阳湖边上的刘贺一行人，很怀念北方的昌邑国，所以他们把海昏侯国称为南方的昌邑，简称南昌。

从汉昭帝去世到刘病已即位，经过三个月零八天的政局动荡，汉朝进入了汉宣帝时期。

第二十章

汉武时代最后的回响

提到汉宣帝刘病已，很多人的印象往往就是八个字——身世凄惨、故剑情深。要说惨那也是真的惨，刚出生才几个月就家破人亡。不过刘病已还是享受到了家庭温暖。

1. 刘病已的早年经历

刘病已生下来才几个月就开始坐牢，到四岁的时候才出狱。按照汉武帝死前的诏令，从四岁开始，刘病已就被收养在未央宫的掖庭，掖庭令张贺很照顾他。刘病已长到十岁的时候，掖庭里来了一个新人和他分配在同一个宿舍里，这个人叫许广汉。

他原本是昌邑国的郎官，有一次陪着汉武帝去甘泉宫，不小心拿错了马鞍，结果被判了死刑。为了活命，他选择了接受宫刑，做了少府的一名宦者丞。过了几年，许广汉又碰上了倒霉事。上官桀谋反案爆发时，许广汉被派到上官桀在未央宫的临时休息室搜集证据。当时上官桀的休息室里，几尺长的可以用来捆人的绳子有几千条，都装在封好的箩筐里。许广汉不知道为什么没有看见，结果别人一去就看到了。这一下许广汉连宦者丞也没得做了，被送到掖庭服苦役，这才认识了刘病已。

许广汉有一个女儿，等刘病已长大了之后，张贺就牵线搭桥，自己出聘礼，帮助刘病已娶了许广汉的女儿。这就是后来的皇后许平君，也是"故剑情深"这个故事的女主角。刘病已的父亲叫刘进，母亲姓王，奶奶姓史，刘进就是通常所说的史皇孙。汉武帝大赦天下之后，史家还在长安附近生活，遇到事情，刘病已常常去找他们。

刘病已的身份是一个普通的宗室，没有任何爵位，也不担任官职。除了要依照礼节每年跟着大家按时参加朝会之外，成长环境还是比较宽松的。他可以接触到社会底层的情况。他像一个游侠一样，走过关中地区的很多地方。这种经历对他即位之后的执政理念，产生了很大的影响。

在这种平淡甚至有些闲散的生活中，刘病已长到了十八岁。这一年，二十一岁的汉昭帝死了，昌邑王刘贺成了皇帝，但是很快又被废黜，接着朝廷的大臣们就来拥立他当皇帝。作为一个旁观了刘贺事件全过程的人，而且亲眼见证了上官桀和霍光争权的结局，刘病已对自己的处境是有清醒认识的。

对他来说有两个要紧的问题需要处理，第一是自己的合法性问题，第二是如何与霍光相处。

2. 汉武帝的庙号和戾太子的谥号

无论有多少理由，他的爷爷太子刘据事实上是发动了军事政变，他们这一支都算是罪人的后代。而且他承接的是汉昭帝的皇位，在法统上算是刘弗陵的后嗣。通俗地说，刘病已是以孙子辈的身份，继承汉昭帝的儿子应该拥有的皇位，需要有后续措施对这种安排所产生的不利影响进行弥补。

基于这些考虑，刘病已做了这么几件事。

首先是给汉武帝上庙号。当初燕王刘旦怀疑刘弗陵不是汉武帝的亲儿子，理由之一就是刘弗陵没有给汉武帝上庙号。

刘病已要通过这个行动，来宣示自己继承的是汉武帝的法统。谥号是对君主的执政生涯做个总结，大部分君主都有谥号。谥号制度的起源很早，在西周的时候就已经被完善，然后一直延续到了清代。而庙号的历史就要短一些，我们现在通常所认为的庙号，比如某某宗、某某祖，起源于汉景帝。庙号制度直到晋朝才被完善起来。

皇帝死了之后，后代会给他建造一座家庙，来供奉他的牌位。庙号就是给这种家庙额外增加的称号，本身是宗法制度的一部分，不是每个皇帝都有。本来谥号和庙号都是很简单的，一般都是一两个字。比如汉武帝刘彻的谥号是孝武，刘病已给他上的庙号是世宗。

从唐朝开始，给皇帝的谥号字数越来越多。比如李渊，谥号是神尧大圣大光孝皇帝；李世民，谥号是文武大圣大广孝皇帝。这时候再用谥号来称呼他们，就比较麻烦。所以就开始称呼庙号，庙号这东西也就变成皇帝的标配了。

所以唐朝之前，皇帝的称呼往往是某某帝，唐朝之后就往往是某某宗，或者某某祖了。到了明清时期，开始形成一个皇帝对应一个年号的形式，所以又有了用年号称呼皇帝的习惯。比如，嘉靖皇帝就是明世宗，乾隆皇帝就是清高宗。

刘病已不仅给汉武帝上庙号，也给自己的爷爷刘据上了个谥号"戾"，算是给巫蛊事件做了总结。同时给自己的父亲刘进也上了个谥号"悼"，通过这个谥号表明，自己的父亲没参与爷爷刘据的军事政变，只是被牵连进去的。用这个谥号，把父亲从巫蛊事件中剥离出来。

3. 汉宣帝的妥协

解决了皇位的合法性问题，接着就得解决如何对待霍光的问题，这是皇位是否稳固的关键。在这个问题上，刘病已选择了忍耐。他拒绝了霍光归还权力的请求，然后对联名废黜刘贺的主要人员进行了封赏。

汉宣帝用这种方式表达了自己对霍光集团权力的认可。在汉宣帝即位的第三年，也就是公元前71年，皇后许平君刚生完孩子就去世了。到第二年，霍光的小女儿被册立为皇后，汉宣帝通过这种方式加深了与霍光集团的关系。

靠着汉宣帝的主动妥协，直到霍光去世，霍光都把持着实际的最高权力。整个汉昭帝时期和汉宣帝的前期，汉朝的实际统治者是霍光。这个时期的国家政策，实际上体现的是霍光的执政思想。

4. 霍光的执政思路

霍光这个人，身高七尺三寸。不仅长相好，而且性格沉稳，考虑事情细致周到，行事端庄严肃。他能在将近二十年的时间里实际掌握最高权力，并不完全是依赖首席托孤大臣的身份和权谋手段，个人魅力也是很大一部分原因。按照《汉书》的说法是"天下想闻其风采"。

霍光是昭宣时期国家政策的主要制定者。关于他的执政思路，按照史书记录来看，基本上延续了汉武帝时期的政策，但是又根据情况的变化进行了缓慢的调整。

（1）司法方面

霍光没有对汉武帝时期遗留的司法体系进行调整，至少《汉书》没有这方面的记录。不过，他用一种技术上的手段，来缓解因为司法制度而造成的社会问题。这就是赦免。

汉昭帝在位期间，七次大赦天下，平均一年多进行一次。他用这种手段来快速缓和朝廷和人民的矛盾。

（2）国防方面

汉武帝死之前，亲自对国防政策进行了调整，把国防政策从积极进攻转为了积极防御。霍光执政时期延续了这个政策，对境外作战的行动比较慎重。大规模的远征，只在汉宣帝即位的第三年，也就是公元前71年进行了一次。这就是五将军击匈奴之战，这次战役基本上终结了匈奴对西域的控制。

除了继续在西域屯田，汉朝在辽东也进行了屯田，还修建了玄菟城。随着匈奴实力的不断衰弱，东北方向的乌桓和西北方向的羌人，开始对汉朝的国防安全构成越来越大的威胁。霍光执政时期，汉军的几次作战，主要是针对东北和西北这两个方向。

（3）财政方面

随着大规模作战的停止，财政危机得到了进一步缓解，减税政策有了实施的条件。汉昭帝元凤四年，公元前77年，朝廷免除了当年和来年的人头税，而且免除了元凤三年以前全国老百姓欠缴的更赋。在汉昭帝去世的两个月之前，朝廷还把人头税的纳税额度减去了30%。

大规模的减税政策得以实施，除了国家开支减少之外，还有一个原因，就是工商税源的稳定。霍光执政时期，税收政策的调整针对的是农业，在工商业方面，基本上延续了汉武帝时期的经济政策。

在盐铁会议结束的第二年，汉朝经济工作的负责人桑弘羊就被卷入上官桀谋反案，全家被族诛。但是，霍光没有因为桑弘羊是自己的政敌，就抛弃桑弘羊的经济政策。除了放弃酒类专卖政策之外，作为工商业核心税源的盐铁专卖，并没有因为桑弘羊的死而受到影响。

（4）豪强方面

在对豪强问题的处理上，霍光坚持了汉武帝时期一贯的压制政策。但是在具体手段上更温和一些，比如徙陵制度。

钩弋夫人的云陵和汉宣帝的杜陵，这两个陵墓开始修建的时候，朝廷都迁徙过富人，到陵墓附近组建新的城邑。但是从强制迁徙改成了招募。汉昭帝时期，每个迁徙的富户可以得到十万钱的补贴。虽然手段温和了，但是迁徙的规模也扩大了。汉武帝的时候，迁徙的是家产三百万钱以上的人家；到霍光时期，迁徙的标准变成了一百万钱。这说明，在霍光时期，算缗制度仍然在运行。作为一种针对工商业主和高利贷者的财产税申报制度，只有算缗制度保持良好的运行，徙陵制度才能有执行的依据。

汉武帝选择霍光做首席托孤大臣的时候，对霍光稳固儿子的皇位和维护政策的延续性寄予厚望。总的来说，霍光在不对大政方针大动干戈的情况下，逐步修订国家政策，用税收政策和行政手段，缓解了民众的生存压力，缓和了民众和朝廷的矛盾，成功地实现了过渡时期社会稳定的目标，基本上实现了汉武帝的这两个目的。

5. 霍光与汉宣帝的矛盾

霍光能控制朝廷将近二十年，是因为背后有一大批人在协助他。废黜刘贺的联名奏章，就是这些人的一次集体亮相。在署名的三十六个人里，三公集体亮相，九卿占了七个，八个军制将军占了四个。这么强大的势力，无论霍光本人到底是奸臣还是忠臣，都必然和皇权产生冲突。

公元前 68 年，霍光去世。两年之后，霍家集团的主要人员和霍光的直系亲属就以谋反罪被处死，皇后霍氏也被废黜，有几千个家庭受到株连被族诛。到这个时候，汉宣帝才开始实际掌握政权。

6. 政治集团的权力交接问题

霍光一死，汉宣帝立刻开始回收权力，任用外戚填补重要岗位，架空霍氏家族。霍光的儿子霍禹对此非常愤恨。之前的大将军长史任宣，专门跑到霍家去开导霍禹。任宣的观点是：不同的时代，有不同的家族兴起，家族地位的上升和衰落是非常正常的事情，也就是所谓的"各自有时"。

这段话触及政治上一个很重要的话题，这就是权力的更替。每个政治集团都有自己的权力来源，当源头发生变化的时候，他们手中权力的实际作用也会发生变化。到了这种时候，各种政治集团之间就要进行权力的交接，新的集团兴起，旧的集团衰落。个人的前途荣辱，家族的兴衰存亡，就是这种权力更替的体现。

权力的交接从来都不会是一团和气的，也没哪个政治集团会心甘情愿地放弃。哪怕希望再渺茫，他们也要反抗，也要挣扎。所以古今中外才产生了那么多典故和历史事件，为吃瓜群众提供了无数饭后谈资。

7. 汉宣帝的执政特点

就像处死了桑弘羊，霍光没有废黜桑弘羊的政策；汉宣帝消灭了霍氏家族，也没有全盘否定霍光的执政路线。

在霍光死后十八年时间里，汉宣帝基本上延续了霍光时期的缓和政策：经济上，继续推进对农民的减税；国防上，最终完成了西域都护府的设立，对匈奴重新开启和亲政策，为后来的昭君出塞打下了基础。

除了这些延续下来的政策，汉宣帝亲政之后，汉朝在国家政策上也发生了和以往不同的变化。这些变化主要集中在意识形态方面。

8. 秦汉国家意识形态的演变

公元前66年，汉宣帝颁布了一道诏令，大致意思是：从此之后，子女包庇犯罪的父母，妻子包庇犯罪的丈夫，孙子包庇犯罪的爷爷奶奶，都不算违法行为。

这是非常典型的儒家亲亲相隐的伦理观，这道诏令的意义是颠覆性的，标志着儒家学说开始实际影响政府的行政。

秦汉作为大一统帝国的第一集团，各个方面都带有实验性质。统治者面临的都是前所未有的新局面，需要不断地测试各种思维策略，来指导实际的行动。学术思想是要为国家实际需要服务的，而不是反过来。没有现成的理论，就会有人去创造去改造；有现成的理论，国家就会拿来用。

秦国靠法家思想在战国的尸山血海中完成了第一次统一。西汉前期面对残破局面，只好用黄老之术暂时维持一种保守的状态。到汉武帝即位，他用儒学作为黑板擦去清理黄老之学在政治上的影响，好为新的国家战略做思想上的铺垫。

汉武帝时期是一个大发展的时期，各方面都在进行新的开拓、新的创造。在这种状态下，儒学虽然算是名义上的官方学说，但是始终没有摆脱工具的身份。官方思想内核仍然是从战国时代延续下来的法家功利主义思想。这种状态一直持续到汉宣帝末期，才开始发生显著变化。

9. 昭宣时期的国家意识形态演变

随着汉武帝的去世，西汉的快速扩张期基本结束。这个时候，西汉需要一种新的理论体系，来适应新的疆域和社会经济情况。在总体社会环境趋向安定的情况下，统治阶层需要一种温情脉脉的东西，来掩盖赤裸裸的统治现实。儒家思想刚好可以满足这种需要。

汉宣帝在训斥崇尚儒学的太子时说过：汉家的制度是霸道和王道杂用，怎么能只依靠道德教化呢？汉宣帝在这段话里表达了对儒家思想的不屑，但也恰恰说明，儒学的影响力到汉宣帝后期已经发展壮大，成为不可小觑的力量。

10. 儒家学说成为官方思想体系的社会基础

在自然经济状态下，封建王朝里从中小地主中发展起来的乡土士绅阶层，因为经济上的自给自足性，一直是各个阶层中对朝廷最具有离心倾向的群体。

他们害怕强大的国家机器会侵害他们的利益，害怕官僚系统会破坏他们的自由状态。所以他们天然地反对扩张，反对一切扩大国家权力的政策。盐铁会议中强烈反对国家专卖政策的贤良文学，主要就是出身这个阶层。所以他们需要一种保守的思想，这种思想要反对扩张政策，要反对国家政权对他们乡土权力的干涉，要维护他们在封闭的乡村环境中的特权地位。儒学就比较符合这种诉求。

儒学思想几个比较突出的观点，不管是仁义还是礼法，不管是亲亲相隐，还是君君臣臣父父子子，都有一个共同的特点，就是模糊性。由它们构成的社会体系，需要一种权威来对这些规则模糊不清的部分进行诠释。而谁掌握了社会规则的解释权，谁就在实际上掌握了对社会的控制权。

当这些人通过察举制逐步渗透进朝廷之后，他们必然会动手改变现有的政策，来适应他们的利益和思想诉求。在他们控制行政权力之后，察举制作为一种底层社会的上升渠道，实际上就已经成为儒家的私人工具。

和文景时期的情况一样，当国家的扩张停止，军功作为底层社会的上升渠道就基本上被堵死了。在这种情况下，投身儒门就成了社会精英唯一的选择。其他思想学说自然也就没有了露脸的机会。

儒学能在中国历史上，通过兼容其他学说发展成占统治地位的官方思想体系，一个很重要的原因就在于，儒学体系能迎合在大一统状态下人们的社会心理。

法家学说喜欢明确的制度，倾向于效率和控制力。这种学说恰恰是古时处在战争状态下的国家所需要的。当大一统的局面形成，当社会环境进入长期安定的状态，当效率低下，控制力放松，也不再有生死存亡的威胁时，一种更加松弛的学术思想必然更加受欢迎。

汉武帝给汉昭帝选择的四个托孤大臣，没有一个纯儒学人士。而汉宣帝给汉元帝选择的三个托孤大臣，有两个是儒臣。

汉武帝的托孤大臣		汉宣帝的托孤大臣	
姓名	身份	姓名	身份
霍光	近侍	史高	外戚
金日磾	近侍	萧望之	儒臣
上官桀	近侍	周勘	儒臣
桑弘羊	能吏	–	–

　　黄龙元年（公元前49年），汉宣帝在未央宫去世，享年44岁。从未央宫开始，在未央宫结束，好像是一种轮回。不过，世界已经大不相同了。汉武帝的时代结束了，但它没有立刻消失，而是慢慢变了模样。

终 章

时代和人

1. 历史问题的复杂性

如果纯粹从一个人的角度去看，汉武帝刘彻是一个什么样的人呢？

元封元年，公元前 110 年，在封禅泰山之前，刘彻在桥山祭祀了黄帝。就在黄帝陵前他问身边的人：我听说黄帝没有死，那为什么会有陵墓呢？有人回答说：黄帝上天之后，群臣非常怀念，所以给黄帝的衣冠修建了陵墓。

《史记》和《汉书》关于这件事的记录就到此为止，不过按照《资治通鉴》的说法，刘彻接下来还说了这么一段话：我升天之后，你们也要把我的衣冠放进茂陵吗？

这个问题，就没人回答了。《资治通鉴》这段记录来自《汉武故事》，在可靠性上有争议。但是，纯粹看这句话的语气，倒真像是刘彻能说出来的。

不过，如果这句话是真的，就意味着刘彻是个幽默的人吗？恐怕未必。除了东方朔，刘彻委以重任比较尊重的人，比如卫青、霍去病、汲黯、司马相如、霍光、金日磾，其实都是性格严肃庄重、沉默寡言的人。

李夫人去世之后，刘彻非常悲伤，专门写了诗和赋来悼念。为此还给后代贡献了一个成语——姗姗来迟。不过，同样是这个看上去重情重义的人，也亲口说过：只要能像黄帝一样升天，老婆孩子就像鞋子一样，我随时可以不要。

汉武帝后期，连续发生了很多悲剧事件，比如巫蛊之祸，又比如李广利投降匈奴，汉军全军覆没。已经年过六十的刘彻痛心疾首，连续几个月每天只能吃一顿饭。

也同样是他，对巫蛊事件穷追不放，成千上万的人因此死于非命。他还差一点就把自己嫡长子这一支的后代赶尽杀绝。

从不同的角度去观察，可以看到不同的面孔。一个人是如此，一个时代更是如此。这就是历史问题复杂的地方，关于历史现象和历史人物的争论之所以层出不穷，很大一部分原因就在这里。

2. 看待历史问题的态度

在看待历史问题的时候，有些观点喜欢把个人情感带入进去，把自己的喜怒哀乐发泄在古人的身上。这种观点寄希望于有一个完美的人可以崇拜，有一个光辉无瑕的时代可以回忆。

然而，这样的人，这样的时代，几乎不会有。所有过往的人和时代，都有各自的特点和问题，就像我们现在所处的时代一样。很多人在历史中寻求光辉绚烂，寻求伟大和传奇。其实，平凡和普通才是人生的日常，而历史就是由这样的日常堆积起来的。

那些躺在史书中的名字，都曾经是一个个活生生的人。这些人生活的目的不是留下记录，让后人评价的。和我们一样，他们有自己的生活，有自己的追求和渴望，也有自己的困难和问题。

每个时代里的人，都受到所处时代的约束。这些约束，有些是技术性的，有些是思想上的。大家在不同的技术和思想条件下，去应对各自面临的问题，所以历史现象才表现出这么多的曲折性。

许多在后人看来恢宏壮丽的传奇，当初不过是为了解决急迫的现实问题而做出的无奈选择。我们现在所能看到的历史记录，只不过是真实历史的模糊剪影，是曾经的世界遗留下的碎片。

大漠戈壁里的戍卒，沟渠大堤上的劳工，西域道路上奔波的使者，田地间种植庄稼的农夫……更多人的生活和故事，我们永远也无法知道了。我们能做的只是通过有限的信息，去管窥这个曾经鲜活的世界。史书没有记录这些人，但我们知道，他们是存在的。

同一个历史问题和历史人物，在不同的时代，在不同人的理解中，会得到不同的评价。这反映的是不同的时代和不同的人，对价值观的取舍，以及对现实世界的态度。

3. 时代和人的关系

时代是由人的活动组成的，时代面貌反映的就是时代中的人，以及他们的整体生活状态。有什么样的社会生活，就会有什么样的时代。社会生活的变化，推动着时代的洪流滚滚向前。在这股洪流中的人，大多很难察觉到时代的历史性变化。

但是，也有一些人，比如汉武帝和司马迁，虽然各方面都很不同，但是他们都清楚地意识到，自己所处的是一个不同以往的新时代。然后他们在不同的领域，跟随自己的思想，去看，去听，去探索，去接触新的世界、新的民族和文化。他们给时代烙上了自己的痕迹，他们把自己的名字和一个民族永恒地绑定在了一起。

结束了对两千一百年前的回望，让我们把目光收回到现在。此时此刻正在阅读这些文字的你，写下了这些文字的我，我们如今面临的，又是一个什么样的时代呢？我们的人生，可以为这个时代留下点东西吗？又能为这个时代留下什么呢？

这是一个问题。

——终——